上海高等职业教育质量提升计划项目

高职院校跨境电商"十三五"规划教材

总主编　姚大伟

U0754009

高职国际商务（跨境电子商务）专业教学标准

主　编　姚大伟

立信会计出版社

LIXIN ACCOUNTING PUBLISHING HOUSE

图书在版编目(CIP)数据

高职国际商务(跨境电子商务)专业教学标准/姚大伟主编. —上海:立信会计出版社,2017.10
高职院校跨境电商"十三五"规划教材
ISBN 978 - 7 - 5429 - 5597 - 5

Ⅰ.①高… Ⅱ.①姚… Ⅲ.①电子商务—高等职业教育—教学参考资料 Ⅳ.①F713.36

中国版本图书馆 CIP 数据核字(2017)第 251099 号

策划编辑	方士华
责任编辑	方士华
封面设计	南房间

高职国际商务(跨境电子商务)专业教学标准

出版发行	立信会计出版社		
地 址	上海市中山西路 2230 号	邮政编码	200235
电 话	(021)64411389	传 真	(021)64411325
网 址	www.lixinaph.com	电子邮箱	lxaph@sh163.net
网上书店	www.shlx.net	电 话	(021)64411071
经 销	各地新华书店		

印 刷	江苏凤凰数码印务有限公司	
开 本	787 毫米×1092 毫米	1/16
印 张	10	
字 数	160 千字	
版 次	2017 年 10 月第 1 版	
印 次	2017 年 10 月第 1 次	
印 数	1—1 100	
书 号	ISBN 978 - 7 - 5429 - 5597 - 5/F	
定 价	38.00 元	

如有印订差错,请与本社联系调换

高职院校跨境电商"十三五"规划教材编委会

总　　序

　　跨境电子商务的快速发展有目共睹，对于实现我国外贸转型升级有着重要而深远的意义。2011年至今，跨境电子商务贸易一直保持高速发展态势，已成为增速最快、潜力最大、影响最广的贸易模式之一。以2015年为例，我国跨境电商交易规模5.4万亿元，同比增长28.6％。与此同时，作为新兴行业，大量跨境电商企业正面临专业人才匮乏的困境。2015年跨境电商被教育部列入高职国际商务专业方向之一，众多院校正在紧跟市场发展态势，联合行业、企业多方资源，大力开展本专业方向的人才培养工作。在此背景下，编写高职院校跨境电商系列教材具有重要且迫切的意义。

　　教育部于2012年11月发布的《"十二五"职业教育教材建设的若干意见》（以下简称《意见》）中明确了教材建设在职业教育人才培养中的基础性地位，明确提出"打造精品教材"的理念与要求。根据《意见》，并展望"十三五"，本系列教材呈现如下特点：

　　1. 联合行业、企业专家，组建优秀的"双师型"编写团队

　　本系列教材由来自全国各院校的专业带头人、行业和企业的专家及一线骨干教师联合编写，确保将较为成熟的优秀教学成果沉淀到教材中，形成积极的辐射推广效应。

　　2. 依据专业教学标准开发，确保教材具有鲜明的高职特色

　　本系列教材对接职业岗位能力要求，强调职业能力培养，注重职业素质的养成。在教学重点、课程内容等方面与本专业的中职、应用本科等层次形成衔接与贯通，服务现代职教体系的构建。

　　3. 强调"教学做一体"，通过项目导向、任务驱动为主旨编排教材内容

　　本系列教材力求以真实的工作任务设计项目，以完成项目的典型工作

过程为任务,便于教师开展行动导向教学方法,使学生有效实现综合职业能力的提升。

4. 打造"立体化"教材,资源同步建设

本系列教材将提供课程标准、教学设计、电子教案、案例习题、企业实训、微课视频等资源,利学利教,为教师开展信息化教学改革、探索"翻转课堂"教学提供良好基础。

本系列教材适合作为广大高职高专院校、成人高校、继续教育学院的国际商务专业使用,也可作为相关在职人员岗位培养、自学进修等用书。

由于编者水平有限,本系列教材难免存在疏漏之处,敬请各位各专家、老师和广大读者批评指正。

中国国际贸易学会常务理事

上海市高职高专经济类专业教学

指导委员会主任

上海思博职业技术学院副校长

姚大伟教授

2017 年 10 月

前　言

我国正通过"一带一路"倡议,大力发展国际贸易,以构建开放型世界经济中心。在这一形势下,作为国际贸易的新型业态,跨境电商在新形势下发挥了重要的先导作用。2010 年以来,跨境电商 2010 至 2016 年短短七年间,跨境电商从占整体外贸比重的 6％一路飚升到 25％的份额,年均增长近 30％。预计到 2020 年,跨境电商将占到我国整体外贸的 40％以上。

伴随着互联网、物联网和人工智能纷至沓来,跨境电子商务持续推动新技术和商业模式的迭代创新,改变了传统贸易的固有模式。这对国际商务职业人才的培养也提出了新的要求。2015 年教育部印发的《普通高等学校高等职业教育(专科)专业目录(2015 年)》中,在国际商务专业(专业代码:630503)下增设了"跨境电子商务"方向,近几年来,在全国外经贸职业教育教学指导委员会、上海市教委等机构的组织领导下,本项目组通过主持教育部、市教委委托的多项外经贸行业需求及人才培养的相关课题,联合职业教育专家、院校骨干、企业代表等开发了《高职国际商务(跨境电子商务)专业教学标准》,以期为全国广大兄弟院校对接产业发展新态势,有效提升本专业内涵建设、培养符合市场与行业需求的新型国际商务复合人才提供依据和参考。

本专业教学标准共有六个部分。第一部分是国际商务(跨境电子商务)专业教学标准调研报告,调研跨境电商行业人力资源状况及人才需求,归纳院校培养相关人才现状,提出高职国际商务(跨境电子商务)专业教学标准建设基本思路。第二部分是跨境电商岗位及职业能力标准,列出跨境电商职业生涯路径,基于工作过程开发学习领域,并进行主要职业能力分析。第三部分是高等职业院校国际商务(跨境电子商务)专业教学标准,包括培养目标、人才规格、主要课程结构、专业主干课程简介、教学安排及说明等内容。第四部分是国际商务（跨境电子商务）专业核心课程标准，列出了《跨境市场营销》《跨境采购与跟单》《跨境电商运营实务》《跨境物流与货代》《报检与报关实务》《外贸单证与跨境结算》六门课程标准。第五部分是职业教育国际商务（跨境电子商务）专业教学资源库建设方案。第六部分是国际商务（跨境电子商务）专业建设规划案例。

本专业教学标准在全国外经贸职业教育教学指导委员会的领导下，在上海市教委的支持下，由来自全国的职教专家、骨干师资与行业企业资深专家联合编写，在此一并感谢他们为本专业教学标准开发付出的辛勤努力。本书由姚大伟教授任主编，朱惠茹副教授任副主编。参与编写的还有乐飞红、周司群、吴彬斌、姚翠平、王小妮、付霞等。书中难免有疏漏和不足之处，恳请业内专家、学者和广大读者批评指正。

编著者

2017 年 10 月

目　　录

高职国际商务(跨境电子商务)专业教学标准调研报告

前　言

　　为了贯彻落实《国务院关于加快发展现代职业教育的决定》(国发〔2014〕19 号)、《高等职业教育创新发展行动计划(2015—2018 年)》《教育部关于深化职业教育教学改革全面提高人才培养质量的若干意见》等文件精神,充分发挥外经贸行业企业的作用,保障人才培养质量,满足经济社会对高素质劳动者和技术技能型人才的需要,全面提升职业教育专业建设、课程开发的专业化水平,本项目组进行了相应的调研工作,并对调研结果进行分析研究,撰写了相应报告。

　　当前,全球经济的不均衡发展、中央政府启动"一带一路"建设和自贸区发展战略、跨境电子商务的迅猛发展导致外经贸行业正在发生深刻的变化,行业人才的需求也必然发生相应的变化。一个突出的表现就是跨境电商类人才的极度缺乏。

　　基于此,本项目组对行业现状及发展趋势、行业人力资源状况及需求、职业教育培养供给等方面展开调查研究,为国际商务(跨境电子商务)专业标准的制定提供有效依据。

　　依据本项目组的调研数据、官方数据、大型专业机构的报告数据等的综合分析,关于行业发展,本报告的主要观点如下:

　　(1)以互联网为载体的新型外贸业态——跨境电子商务(简称跨境电商)将成为外经贸行业的增长亮点,批量培养相应人才迫在眉睫。

（2）"一带一路"建设将促进企业在重视原有市场的基础上，积极开拓中亚、南美、非洲等新兴市场，懂得小语种及善于开发新市场的人才极受欢迎。

（3）中小微企业对具有复合应用能力的跨境电商人才有更大的需求。

（4）目前的院校培养无论在数量上还是质量上都无法对接行业需求。

根据以上观点，本报告对国际商务（跨境电子商务）专业教学标准提出如下指导意见：

（1）外贸正在呈现区域协调发展的局面，专业布局应紧跟行业发展步伐。

（2）加强小语种专业人才的培养，强调跨文化交流能力，培养适应于"一带一路"建设的外经贸人才。

（3）满足中小微企业的需求，注重外贸供应链系统性人才的培养，设计实践导向课程，强调综合能力的培养。

（4）打破培养单一岗位技能的固化思维，着重培养学生的可持续发展能力，提高其在多变复杂的外经贸环境中分析问题、解决问题的能力。

▶▶ 一、调研的指导思想和目的

（一）指导思想

跨境电子商务的快速发展有目共睹，它对于实现我国外贸转型升级有重要而深远的意义。上海作为首批"国家跨境贸易电子商务服务试点城市"，加上自贸区的辐射效应，跨境电子商务贸易保持高速发展态势，已成为增速最快、潜力最大、影响最广的贸易模式之一。

作为新兴行业，大量跨境电商企业正面临专业人才匮乏的困境。究其原因，是传统外贸岗位、电子商务岗位能力并不能完全对接跨境电子商务岗位能力。面对巨大的人才缺口，目前众多院校还没有对人才培养模式进行调整，也没有相应的专业建设指导依据。因此，联合校、企多方资源，聚焦本专业人才培养亟待解决的核心问题，明确本专业应培养人才的核心能力，寻找有效的专业人才培养途径，开展人才培养模式的探索与研究重要且迫切。

(二) 调研目的

通过本次调研,充分了解就业市场对国际商务(跨境电子商务)专业人才的需求,为准确定位专业人才培养目标提供依据;研究分析本专业人才的职业面向、职业能力以及职业证书等要求,为制定人才培养模式、课程模式和教学模式提供依据;研究分析本专业对口企业对高职院校培养人才的职业素养需求,为实施科学合理的学生评价途径和方法提供依据。

二、调研的基本内容及方法

(一) 调研内容

(1)跨境电商行业、企业发展情况。

(2)跨境电商行业人力资源状况及需求分析。

(3)院校培养国际商务(跨境电子商务)专业人才现状的调研结果。

(二) 调研对象

本次调研的对象主要是:相关企业管理人员及技术人员、院校师生及相关管理人员。

(三) 调研方法

1. 问卷调查

通过网络或邮寄的方式将调查问卷及相关资料发给行业、企业专家、学校教师及相关管理人员、本专业实习生或毕业生等,受访者根据要求完成问卷后发回。

2. 企业实地访谈

走访相关企业,与企业领导、管理人员和技术人员进行实地访谈。

3. 查阅文献资料

从报纸、杂志、专业书籍、网络等渠道收集信息资料,掌握与本课题研究相关的理论依据和数据。

ⅡⅡ▶ 三、行业调研结果

（一）我国进出口贸易发展情况

根据商务部统计数据，2016 年，我国进出口贸易额为 24.3 万亿元人民币，较 2015 年下降了 0.9％，降幅较 2015 年收窄 6.1 个百分点。其中出口 13.8 万亿元，下降 1.9％；进口 10.5 万亿元，增长 0.6％，扭转了 2015 年大幅下降的态势（见表 1-1）。

表 1-1　2007—2016 年中国进出口总体情况　　金额单位：亿美元

年份	进出口		出　口		进　口		差额
	总额	增速	总额	增速	总额	增速	
2007	21 765.7	23.6％	12 204.6	26.0％	9 561.2	20.8％	2 643.4
2008	25 632.6	17.8％	14 306.9	17.3％	11 325.7	18.5％	2 981.3
2009	22 075.4	−13.9％	12 016.1	−16.0％	10 059.2	−11.2％	1 956.9
2010	29 740.0	34.7％	15 777.5	31.3％	13 962.5	38.8％	1 815.1
2011	36 418.6	22.5％	18 983.8	20.3％	17 434.8	24.9％	1 549.0
2012	38 671.2	6.2％	20 487.1	7.9％	18 184.1	4.3％	2 303.1
2013	41 589.9	7.5％	22 090.0	7.8％	19 499.9	7.2％	2 590.1
2014	43 030.4	3.4％	23 427.1	6.1％	19 602.9	0.4％	3 824.6
2015	39 569.0	−8.0％	22 749.5	−2.9％	16 819.5	−14.2％	5 930.0
2016	36 855.7	−6.8％	20 981.5	−7.7％	15 874.2	−5.5％	5 107.3

资料来源：中国海关统计，中国商务部发布《中国对外贸易形势报告（2017 年春季）》。

分季度看，进出口同比由降转升，增速逐季回稳。2016 年第 1 至第 4 季度，以人民币计价的进出口分别下降 8.1％、下降 1.1％、增长 0.8％和增长 3.8％。11 月、12 月进口和出口连续两个月实现"双升"（见图 1-1）。

另外，根据海关总署数据显示，2017 年上半年，我国进出口增长 19.6％，不仅延续了 2016 年下半年以来回稳向好趋势，也创下了自 2011 年下半年以来的半年度同比最高增速。海关总署综合统计司司长黄颂平介绍，2017 年上半年我国外贸发展稳中向好，外贸结构持续优化，在不发生大

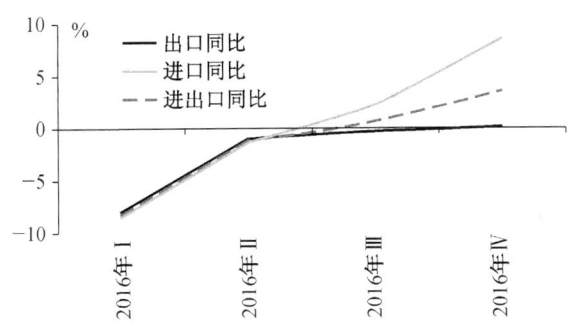

图 1-1　2016 年中国进出口季度同比情况

资料来源:中国商务部《中国对外贸形势报告(2017 年春季)》。

的风险情况下,经过持续努力,下半年进出口仍会保持正增长。[①]

(二) 我国跨境电子商务宏观分析

1. 政策环境分析

自 2013 年以来,国家对跨境电商的扶持力度明显增强,进而成为行业加速发展的重要催化剂。2016 年 5 月 9 日,国务院发布《关于促进外贸回稳向好的若干意见》(国发〔2016〕27 号),明确提出加大对外贸新业态的支持力度。2016 年 8 月 16 日召开的国务院常务会议提出,要改革完善与新业态、新模式相适应的体制机制,扩大跨境电商、外贸综合服务企业、市场采购贸易方式等试点,培育发展新动力。

2016 年新设 12 个跨境电商综合试验区,新增 5 家市场采购贸易方式试点,选取 4 家企业开展首批外贸综合服务企业试点。全年试点区域跨境电商进出口 1 637 亿元,增长 1 倍以上。市场采购贸易出口 2 039 亿元,增长 16%。四家外贸综合服务试点企业服务中小企业超过 4 万家。[②]

2. 跨境电子商务保持健康快速发展势头

2008—2016 年中国进出口贸易与跨境电商交易情况如图 1-2 所示。2016 年,我国跨境电子商务总体上继续保持年增长近 30% 的良好发展态势,进出口跨境电商(含零售及 B2B)整体交易规模达到 6.3 万亿元。至

[①] http://mp.weixin.qq.com/s/gpZFugIMf9wMbtX9u9tORg,《今年上半我国外贸总体形势如何? 海关总署这么说》。

[②] 中国商务部《中国对外贸形势报告(2017 年春季)》。

2018年,中国进出口跨境电商整体交易规模预计将达到8.8万亿元。[①] 阿里研究院提出,至2020年,中国跨境电商交易规模将达12万亿元。跨境电商的快速发展为促进我国外贸回稳向好和创新发展发挥了积极作用,同时在政府相关政策的促进和引导下,跨境电子商务在发展中逐步规范,取得新进展。在逐步规范的监管环境下,市场对商家服务能力的需求不断提高,跨境电子商务行业主体结构持续优化,规范化运营的企业在竞争中胜出,行业集中度也进一步提升。

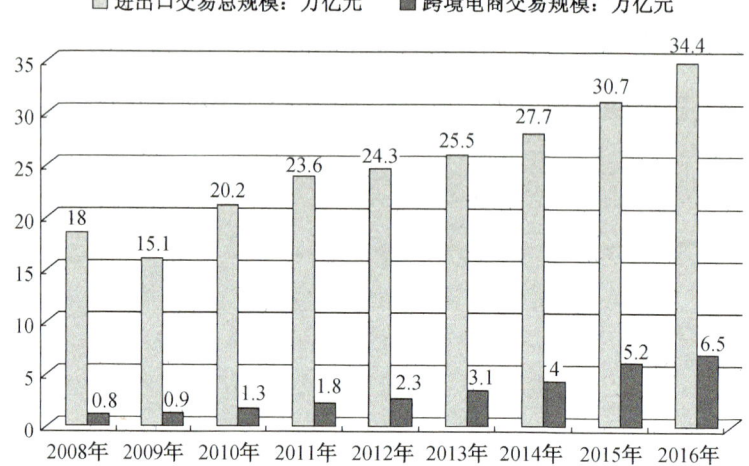

图1-2　2008—2016年中国进出口贸易与跨境电商交易情况

数据来源:智研咨询集团:《2016—2022年中国跨境电商市场运行态势及投资战略研究报告》。

3. 我国电子商务国际影响力进一步增强

2016年,中国电子商务市场引起全球广泛关注。一方面,各国企业纷纷把跨境电商作为进入中国消费市场的重要渠道;另一方面,随着我国"一带一路"倡议的逐步推进,吸引中国电商企业投资成为沿线各国重点考虑的事项。

在这样的背景下,我国政府务实推进电子商务领域多双边交流合作,积极参与和引导国际规则制定,为中国电子商务企业走出去营造良好国际环境。2016年,商务部积极推动中美开展数字经济谈判,解决国际电子贸易发展中的规则问题,共同营造公平合理的国际电子贸易环境。加快推进中

---

① 艾媒咨询:《2016—2017中国跨境电商市场研究报告》。

国—日本—韩国、中国—新加坡、中国—海合会、区域全面经济伙伴关系协定(RCEP)等自贸协定电子商务议题谈判。在 APEC、上合组织、金砖国家、联合国亚太经社理事会等多边对话机制下,就电子商务议题进行磋商,促进各方交流合作。2016 年 6 月以"跨境电子商务促进普惠贸易"为主题的第六届 APEC 电子商务工商联盟论坛发布了旨在促进电子商务普惠贸易的《晋江倡议》,得到来自 APEC 各经济体的 300 多位国内外知名企业代表、亚太电子商务领域专家的积极响应。2016 年 G20 杭州峰会公报将阿里巴巴提出的"世界电子贸易平台"(Electronic World Trade Platform,EWTP)列为关注对象。[1]

(三) 我国跨境电商行业发展特点

2016 年,我国跨境电子商务继续保持逆势增长,持续成为外贸新的增长点。

1. 跨境电商的贸易伙伴与贸易品类不断扩大

我国跨境电商的迅速发展不仅体现在市场规模和增速上,也体现在全球贸易国家和地区不断扩大的过程中。2014—2015 年,我国跨境电商的贸易伙伴覆盖了全球 220 个国家和地区,同时包含了发达国家和发展中国家。表 1-2 为 2016 年我国跨境电商(出口 B2B)全球十大贸易伙伴排名。

表 1-2　2016 年中国跨境电商(出口 B2B)全球十大贸易伙伴排名

排名	贸易规模	排名	贸易规模
1	美国	6	加拿大
2	俄罗斯	7	法国
3	巴西	8	以色列
4	西班牙	9	白俄罗斯
5	英国	10	智利

资料来源:中华人民共和国商务部《中国电子商务报告 2016》。

此外,东盟地区作为"一带一路"的重要组成部分,跨境电商市场潜力巨大。麦肯锡预测,到 2050 年,"一带一路"沿线国家和地区将会贡献全球GDP 增量的 80% 左右。

---

[1] 中华人民共和国商务部《中国电子商务报告 2016》。

从跨境电商交易涉及的商品品类看，出口方面主要是3C类产品、户外运动产品、照明灯饰、婚纱礼服、玩具用品等；进口方面主要是母婴用品、化妆品、食品、保健品、服装、日用品等跨境电商交易增长速度排名前十的产品线如图1-3所示。

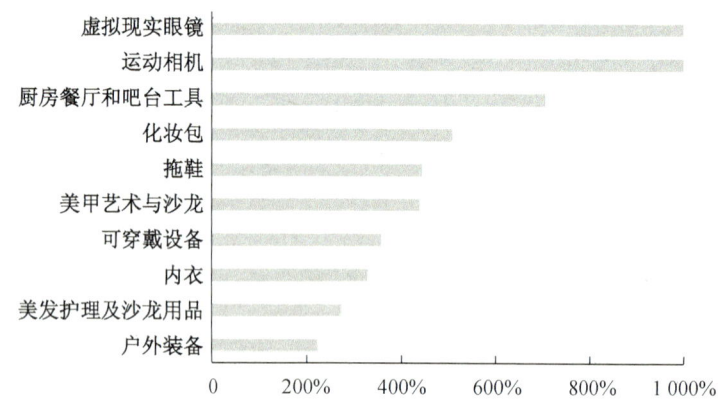

图1-3　增长速度排名前十的产品线

资料来源：《2017中国跨境电子商务（出口B2B）发展报告》，敦煌网。

2. 东部地区强势发展，中西部地区潜力巨大

我国跨境电商市场规模持续增长，跨境电子商务对各省经济贸易发展的影响（渗透）不断深化，各省支撑电子商务发展的环境逐步改善。凭借完善的产业链和区位优势，东部地区电商交易额占比93%，交易额增速为28%，高于中部和西部地区。广东、浙江、北京、上海和福建分列2016年跨境电商指数排名前五名。与此同时，借力"一带一路"建设，宁夏、内蒙古、青海在2016年跨境电商发展指数中排名大幅度攀升，分别上升27名、19名以及18名，表现出巨大的发展空间（见表1-3）。

表1-3　2016年全国省级行政区域跨境电商发展指数（前12名）

名次	省份	规模指数	成长指数	渗透指数	支撑指数	跨境指数	2015排名	名次变化
1	广东省	100.00	14.075	38.813	73.582	65.294	1	—
2	浙江省	60.276	16.397	39.538	56.293	46.556	2	—
3	北京市	10.496	15.199	100.000	53.822	38.003	5	↑2
4	上海市	26.432	14.477	33.372	45.331	29.209	4	—
5	福建省	19.926	10.044	56.248	19.753	25.179	3	↓2

（续表）

名次	省份	规模指数	成长指数	渗透指数	支撑指数	跨境指数	2015排名	名次变化
6	宁　夏	0.008	100.000	0.039	2.689	20.549	33	↑27
7	江苏省	22.971	7.274	12.863	31.096	19.435	6	↓1
8	山东省	8.075	32.914	16.285	15.844	16.238	13	↑5
9	青海省	0.174	54.064	18.328	2.689	15.086	27	↑18
10	河南省	5.364	13.353	24.077	8.593	11.350	7	↓3
11	湖南省	2.183	12.232	26.020	6.769	9.877	9	↓2
12	内蒙古	0.349	33.834	6.908	5.942	9.477	31	↑19

资料来源:《2017中国跨境电子商务(出口 B2B)发展报告》,敦煌网。

3. 跨境电商产业链加快完善

跨境电商产业链中,跨境电商第三方平台主要包括信息交换平台、在线交易平台以及交易后的外贸综合服务平台。其中,外贸综合服务平台成为业内关注的焦点,其通过将业务流程整合在一个平台中,为进出口企业提供诸如清关、退税、物流、付款、支付、保险、融资等综合服务。基础服务商主要包括支付服务商和物流服务商。增值服务商主要包括网络营销服务商、研究咨询服务商、供应链服务商以及 IT 解决方案服务商。跨境电商业务的蓬勃发展为增值服务商带来更多机会和挑战,其中跨境电商运营服务成为需求热点。

跨境电商仓储物流服务逐步优化。2016 年全国"两会"期间,打造"海外仓"作为促进外贸创新发展的重要举措被写入政府工作报告。随后,商务部表示将采取有效措施支持有实力的企业设立"海外仓",打造外贸发展的新亮点和新动能。随着"一带一路"建设不断推进,我国与欧洲及沿线国家的经贸往来迅速发展,物流需求旺盛,贸易通道和贸易方式不断丰富和完善,其中中欧班列作为运行于中国与欧洲以及"一带一路"沿线国家间的集装箱等铁路国际联运列车,是深化我国与沿线国家经贸合作的重要载体和推进"一带一路"建设的重要抓手。

(四) 我国跨境电商发展新趋势

1. 跨境电商与"一带一路"建设双向驱动

中国正通过"一带一路"建设辐射全球发展,跨境电商在新形势下发挥了重要的先导作用。跨境电商将进一步拉动贸易增长,促进国内产业结构优化升级,充分对接国外优质需求。通过构建"网上丝绸之路",扶持优质跨境电商企业,推动新时期外贸发展和国际合作。

此外,"一带一路"沿线国家多为发展中国家,其在基础设施等方面有待完善,通过跨境电商企业带动当地发展,实现优势资源共享。

2. 跨境电商 B2B 带动外贸新增长

随着"中国制造 2025"和"供给侧结构性改革"等战略的提出,B2B 行业迎来新机遇,通过价值链的上下游整合,有效解决商业效率等问题,促进了产业的优化和重组。跨境电商 B2B 企业通过整合资源,推动制造型企业上线,通过缩短购买流程,减少中间商的参与,从而将参与贸易的双方利益最大化,B2B 的大宗商品订单让贸易双方都能获得更好的效益,成为在新时期带动外贸发展的新动力。

同时,在 2016 年 1 月国务院发布《关于同意在天津等 12 个城市设立跨境电子商务综合试验区的批复》中,提出跨境电商综合试验区建设应着力在跨境电子商务企业对企业(B2B)方式相关环节的技术标准、业务流程、监管模式和信息化建设等方面先行先试,发展跨境电商 B2B 是综合试验区建设的核心与重点。未来随着跨境电商综合试验区建设工作不断推进,跨境电商 B2B 将大力带动外贸新增长。

3. 跨境电商产业园的相继建立,为企业开拓国际市场增加筹码

跨境电子商务园区是一个以海关监管为核心,面向跨境电子商务企业及上下游服务企业的开放性平台。园区将集行政监管、仓储、物流、跨境电子商务、信息交流、金融服务、创业孵化、技术支撑、培训咨询于一体,入驻跨境电商行业的龙头骨干企业、国际快递、进出口代理、跨境平台商、第三方服务商等企业,能够实现产业链集聚发展,助推区域经济转型升级和跨越发展。

为了探索跨境电子商务发展的新路子、积累新经验,按照国家的统一部署,政府主导的跨境电商产业园区相继建立。不仅促进了当地跨境电商的发展,还能够通过建设经验和模式的共享加快其他城市跨境电商平台的建设步伐,从而在整体上推动中国的跨境电商的发展。

21 世纪宏观研究院认为,以产业园区为主导的跨境电子商务园实现了海关、国检、国税、外管、电商以及物流仓储的统一,为园区内的各大电商以及外贸企业的跨境业务提供了极大便利。未来,跨境电商园区的魅力依旧,

数量还会继续增长。

4. 跨境电商将依托大数据平台,打造全产业链生态模式

2016 年 3 月,马云在博鳌亚洲论坛上提出 EWTP(Electronic World Trade Platform,世界电子贸易平台)设想,其目的在于建立贸易新规则,以帮助小企业、发展中国家和年轻人发展。国际贸易中的各类主体汇集这个平台,形成一个生态圈,共享和创造价值。这是阿里巴巴对未来全球贸易作出的远大构想,其跨境电商产业链构成如图 1-4 所示。

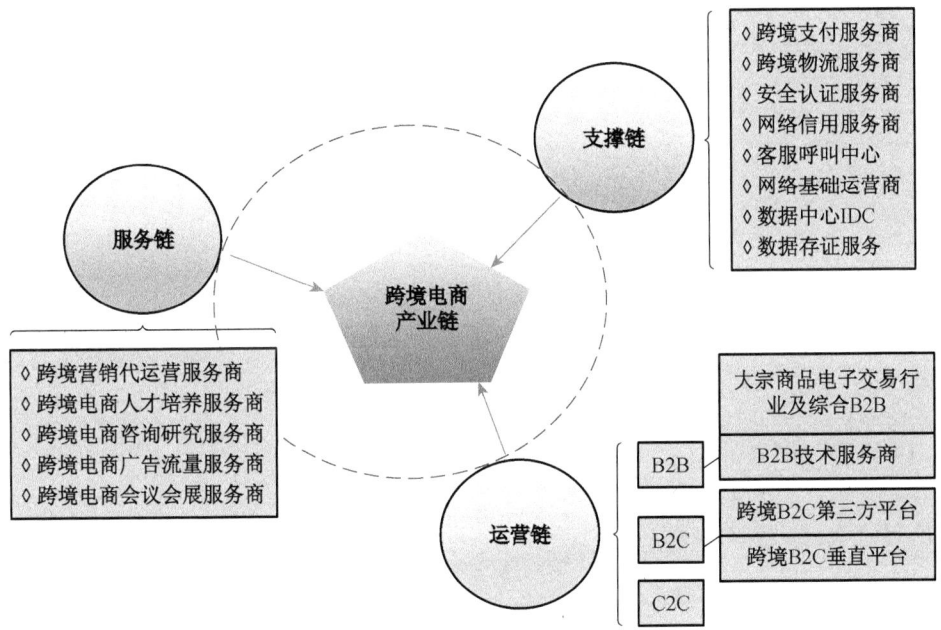

图 1-4　跨境电商产业链图

与此同时,针对目前大多数传统企业包括一些中小电商企业都不太了解如何开展跨境电子商务的现状,有必要培育一批既懂电子商务又懂对外贸易,集报关、退税、国际物流、海外仓储、汇兑服务于一体的跨境电子商务服务企业,为有意愿开展跨境电子商务活动的传统企业提供培训,或针对企业及其产品帮助制定相应的跨境销售策略,通过 eBay、亚马逊、速卖通等主流外贸电子商务平台销售产品,或帮助其在海外平台销售注册账号,开展海外分销,提供海外法律与财务咨询、海外售后支持、国际运输、全球仓储等全方位的跨境贸易电子商务解决方案,引导与扶持企业开展国际电子商务,逐步实现一站式集体转型。

四、跨境电子商务行业人力资源状况及需求分析

从全国范围来看，结合中国人民大学中国就业研究所与智联招聘2016—2017年连续推出的《中国就业市场景气指数报告》显示，互联网/电子商务类岗位需求一直处于领跑状况（见图1-5）。

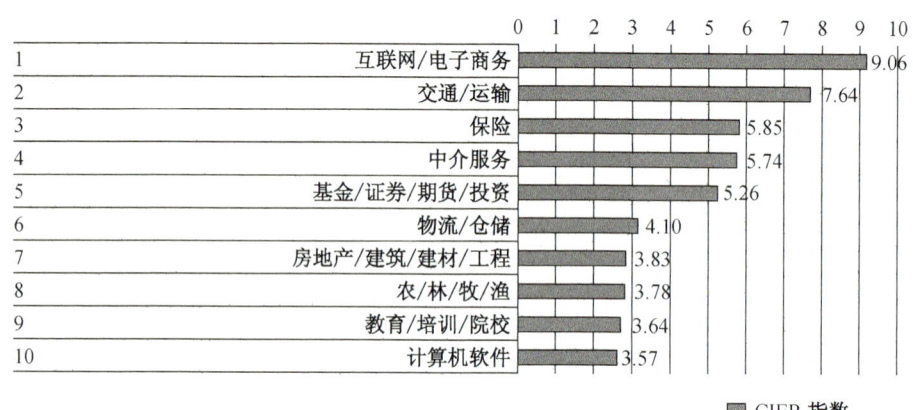

图1-5 2017年第二季度行业CIER指数

数据来源：智联招聘。

另外，众多政府主导的跨境电商产业园项目也在全力布局跨境电商领域，它们积极响应国务院的号召，大力依托本地的保税园区推进跨境电商产业的发展，不断成熟的电商产业园吸纳了大量从事进出口业务和国际物流业务的中外企业，这些企业对能够从事线上及线下相关服务工作，包括线上运营、保税仓储、物流配送、通关、商检等工作的人才有着大量的需求。这说明跨境电商的发展将带动一系列的人才需求。

以2016年位列全国跨境电商进出口总值第一名的广东省为例，目前，全省从事跨境电商的商家已有8万～10万家，相关从业人员已过百万。另外，自启动国家跨境电商综合试验区城市以来，广州共有46家企业成为跨境贸易电子商务试点企业，包括了平台企业、物流及综合服务企业、支付企业和仓储企业，基本涵盖了跨境电商产业全链条。对应用型跨境电商相关行业人才的需求空间巨大。[1]

---

[1] 李世红：《"一带一路"背景下跨境电商人才培养体系创新研究》港口经济，2017年第2期，第55-56页。

从此次调研来看，针对跨境电商行业的人才需求具体情况，本项目组除了文献收集与研究外，还采取了向企业发放问卷及访谈的方式开展调研，共面向企业发放问卷 50 份，回收 43 份，其中有效问卷 38 份。

（一）跨境电商行业人才结构现状

1. 被调研企业的性质、规模及从事业务类型

被调查企业中，73.68% 的企业属于民营企业；较大规模企业居多，200人以上的占 36.84%，25 人及以下的只占 15.79%；开展跨境进口业务的企业最多，占 63.16%。这些都符合上海的跨境电商行业发展状况，具体如表 1-4、图 1-6、图 1-7、图 1-8 所示。

表 1-4 被调研企业的性质、规模及业务类型

企业性质		企业规模		业务类型	
选项	比例	选项	比例	选项	比例
国有企业	5.26%	25 人以及下	15.79%	跨境进口业务	63.16%
民营企业	73.68%	25～50 人	21.05%	跨境出口业务	31.58%
外资企业	15.79%	51～100 人	15.79%	跨境电商商品平台	26.32%
上市企业	0	100～200 人	10.53%	跨境电商物流平台	36.84%
其他	5.27%	200 人以上	36.84%	跨境电商物流服务	47.37%
				其他业务	5.26%

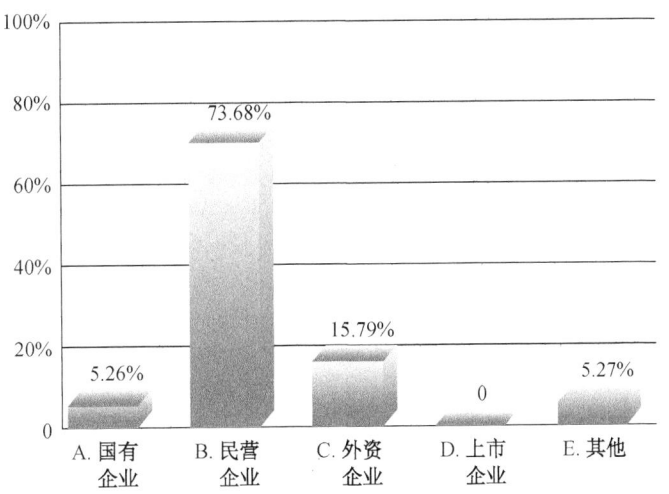

图 1-6 被调研企业的性质

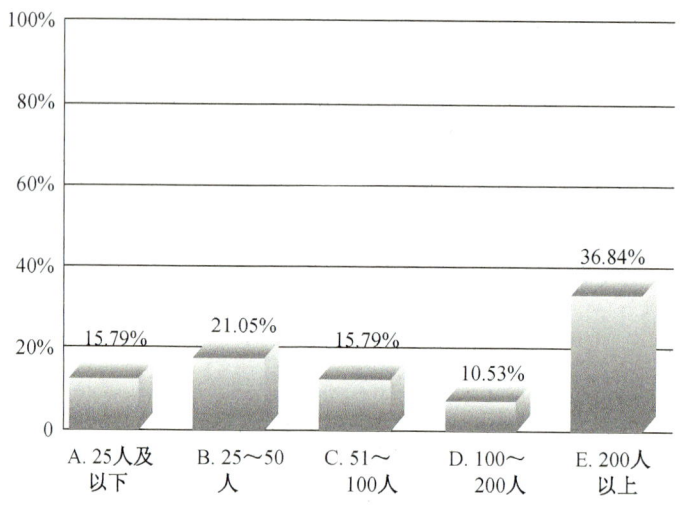

图1-7　被调研企业的规模

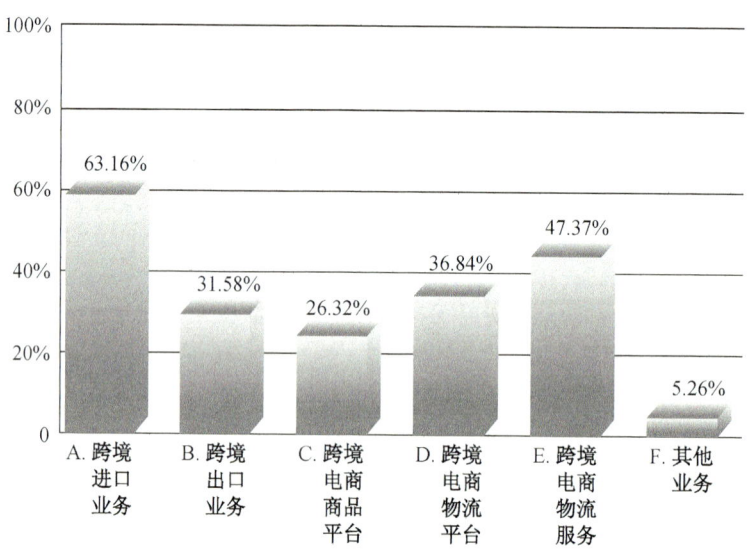

图1-8　被调研企业的业务类型

2. 跨境电商从业人员的学历结构

企业目前从事跨境电商相关业务的人员的主要学历程度以本科为主，占比例57.89%；其次是专科学历，占比31.58%（见图1-9）。

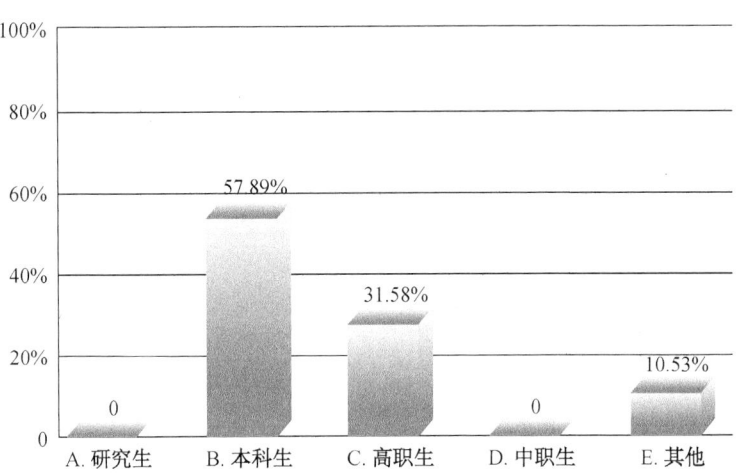

图 1-9　被调研企业从事跨境电商业务人员的学历结构

3. 岗位招聘状况

68.42%的企业认为,在跨境电商业务方面存在员工招聘困难,招聘难度最大的岗位是营销类岗位(销售、推广、客服等),占比 52.63%;其次是技术类岗位(平台开发),占比 47.37%;再次是美工、运营(维护)等岗位(见图1-10)。访谈中,企业表示,他们希望的人才最好是复合型的,会营销会平台操作还会网页设计。

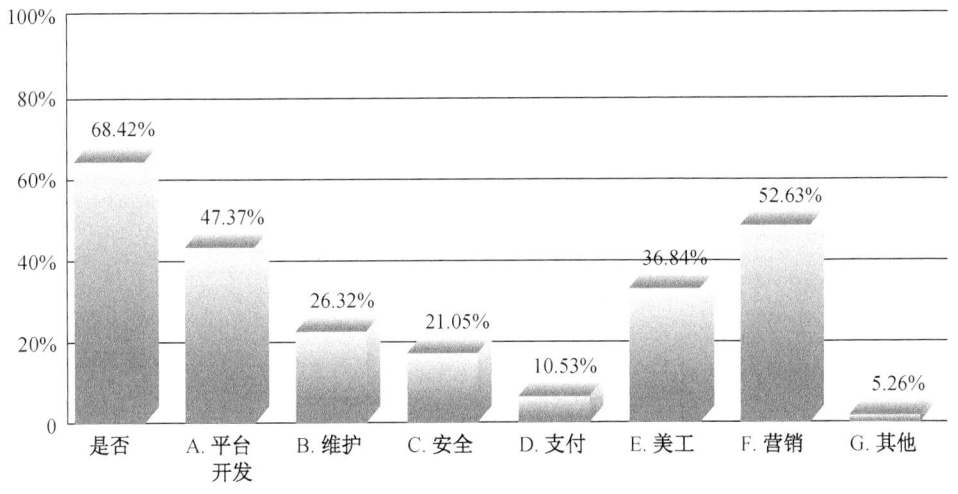

图 1-10　被调研企业跨境电商岗位招聘状况

（二）跨境电商行业人力资源建设规划及需求状况

1. 企业对岗位需求规划

被调研的企业对岗位需求规划，平台开发占 68.42％；其次是营销类岗位，占比 63.16％；再次是运维岗位，占比 47.37％（见图 1-11）。

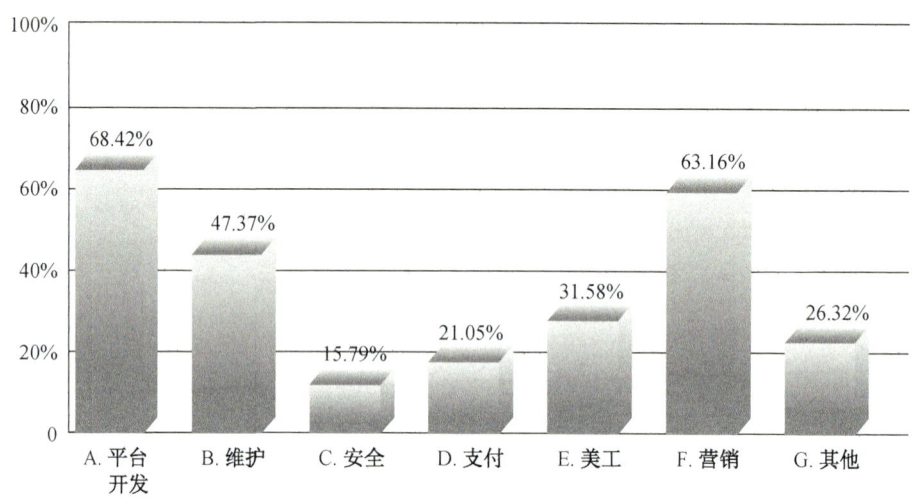

图 1-11　被调研企业跨境电商岗位需求规划

2. 企业对学历需求规划

和企业现有的招聘结构相同，被调研企业拟招聘的本科生比重为 52.63％，高职生比重为 36.84％（见图 1-12）。

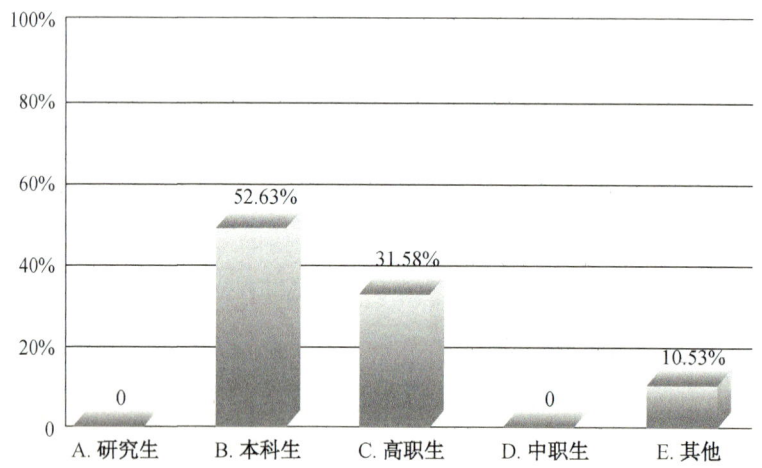

图 1-12　被调研企业跨境电商岗位学历需求规划

通过与企业进一步访谈得知,专科学历的人才基本集中于操作型岗位,企业对这一学历层次人才的评价是"对自己定位比较准、动手能力比本科生好、待遇要求比较合理、肯吃苦"等。

3. 企业对工作经历要求

一方面,被调研的绝大多数企业对跨境电商人才的工作经历要求都在1～2年(见图1-13)。另一方面,高达84.21％企业也愿意招收毕业生(见图1-14)。

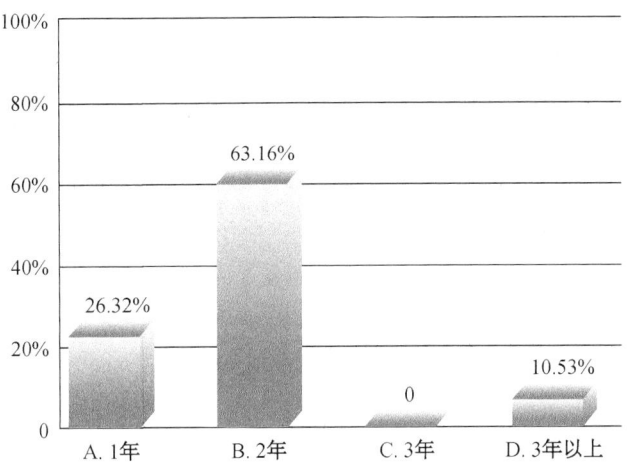

图1-13　被调研企业跨境电商岗位工作经历要求

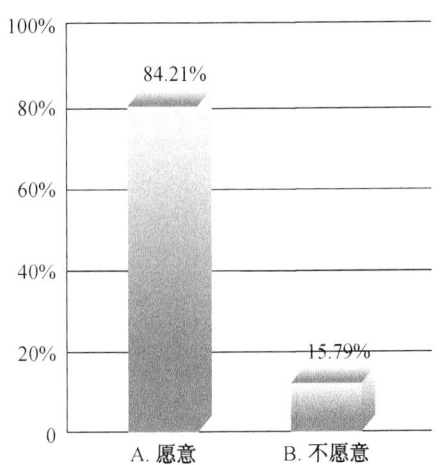

图1-14　被调研企业招收毕业生的意愿

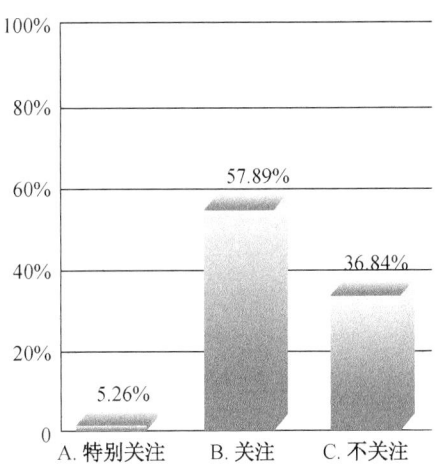

图1-15　被调研企业对职业技能证书的要求情况

4. 被调研企业对职业技能证书要求情况

有 57.89% 的企业表示在招聘跨境电商相关岗位时关注其拥有的职业技能证书（见图 1-15）。这些企业并不认为职业技能证书是必备的，但他们认为拥有相应的证书至少代表了学生的学习能力，能够为企业在选择人才时提供参考。

5. 专业需求情况

由中国对外经济贸易大学国际商务研究中心与阿里巴巴联合推出的跨境电子商务人才分析报告于 2015 年 6 月 1 日发布。该报告指出如下问题：

（1）在其调研的 304 个有效样本中，发现目前企业选择跨境电商人才仍然更倾向于外经贸相关专业（见图 1-16），如国际贸易、国际商务等。

跨境电子商务是指分属不同关境的交易主体，通过电子商务平台达成交易、进行支付结算的活动。虽然跨境电子商务兼具国际贸易和电子商务的特点，但是跨境电商发展的核心是国际贸易，只是随着时代的发展，与电子商务结合出现了新特征。所以，国际贸易专业的学生更能满足企业的要求。

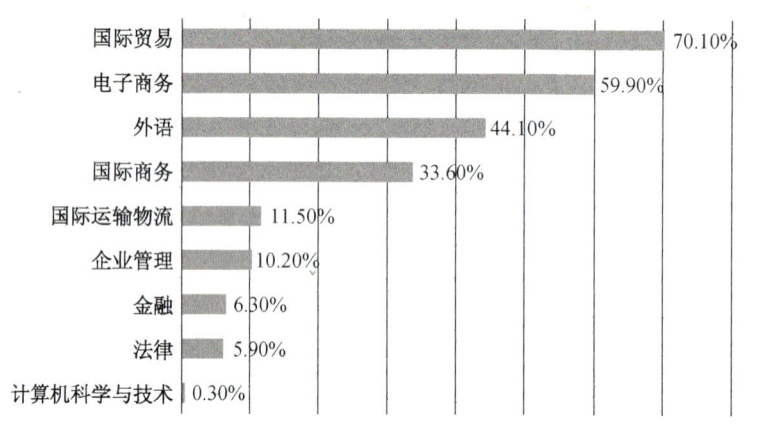

图 1-16　企业选择跨境电商人才倾向的专业

数据来源：阿里研究院。

（2）企业更多希望跨境电商人才是复合型的（见图 1-17）。

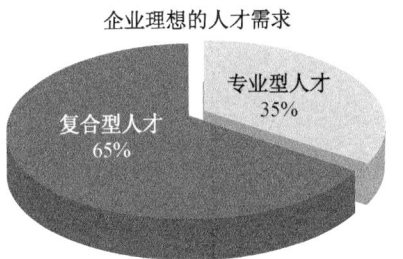

企业理想的人才需求

图 1-17　企业理想的人才需求

数据来源:阿里研究院。

(三) 跨境电商行业企业对员工知识、技能和素质等方面的要求

1. 企业比较看重跨境电子商务人才的职业知识与技能

在跨境电子商务人才的职业知识与技能中,被调研企业最看重的是国际贸易实务,占比例 68.42%;其次是商务英语,占比例 57.89%;紧随其后的网络营销,占比例 52.63%(见图 1-18)。

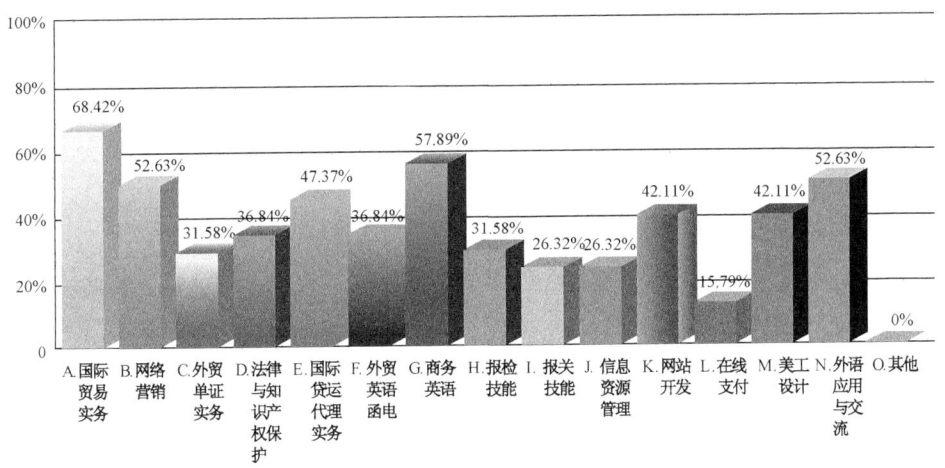

图 1-18　被调研企业看重的跨境电子商务人才的职业知识与技能

2016 年 12 月,中国(杭州)跨境电子商务综合试验区建设领导小组办公室、杭州市商务委员会、杭州市统计局、杭州市人才服务局共同发布了《杭州市 2016—2017 年度跨境电商产业紧缺人才需求目录》。它总结出目前杭州市跨境电商企业对人才的具体需求有三个明显的特点:一是要求熟悉外贸规则及平台运营。跨境电商发展的核心是国际贸易,调研显示跨境类人才中跨境营销与服务类人才占比 78%,该类人才的较大缺口体现出跨境电

商人才一方面需要熟知外贸规则，面对海关、海外仓储等跨境贸易有丰富的经验，另一方面需要具备国际交易平台运营能力。二是外语能力要求高。跨境电商面对的是国际平台的交易，跨境贸易销售衍生的一系列经营过程中，由于贸易对象的不断拓展与加深，均对外语口语及阅读、书写能力要求持续上升，同时语种的范围也有所扩大。三是计算机技术人才需求量大。跨境电商以网上交易活动为核心，以网络信息技术为基础，包括了物流配送、金额支付、信用监管等一系列的支撑服务，是一条不断延伸的全新产业链。这条产业链上需要的各类人才，其中网站构建技术、网络信息技术的人才尤其受到青睐。

以上的调研结果将为院校培养跨境电商人才提供有效指南。

2. 企业比较看重跨境电子商务人才的职业素质

在职业素质中，被调研企业最看重的分别是学习能力、责任意识及团队合作能力（见图1-19）。

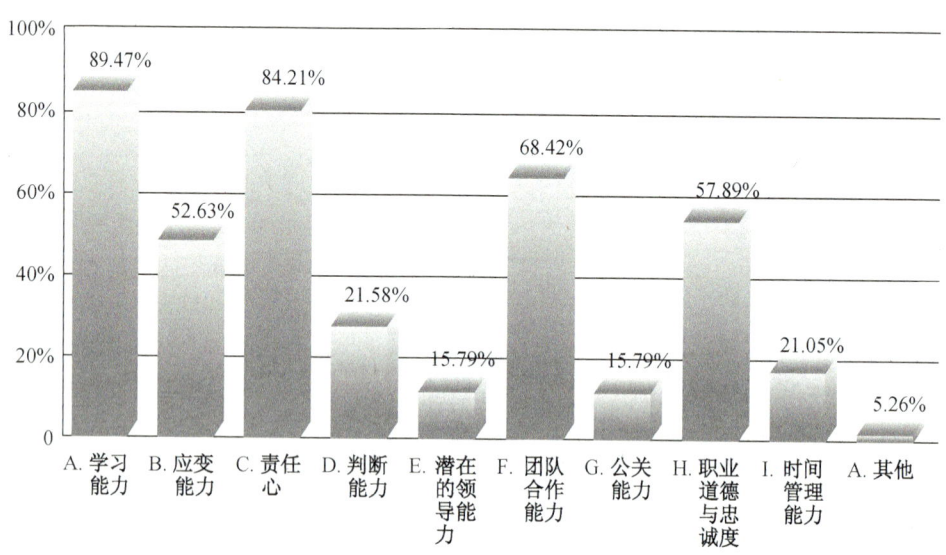

图 1-19　被调研企业看重的跨境电子商务人才的职业素质

3. 企业认为毕业生在工作中的不足之处

被调研的企业认为，当前毕业生存在的最大问题是实践动手能力薄弱，理论与实际脱节，持有此观点的企业占到 78.95%；其次是觉得缺乏职业态度，占 57.89%；与客户沟通能力弱占 36.84%（见图1-20）。数据说明，目前院校培养的毕业生没有办法满足跨境电商企业的需求，一部分原因在于跨境电商人才需兼具外贸和电商能力，而学校缺乏相应师资，也缺少相应的实践机会。

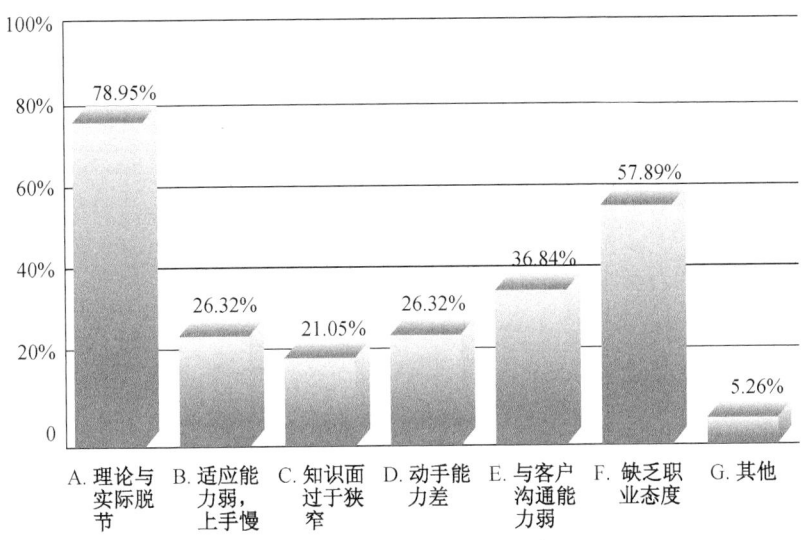

图1-20　被调研企业对毕业生不足之处的看法

五、院校培养国际商务(跨境电子商务)专业人才现状的调研结果

本项目组的调研结果显示,一方面,企业青睐动手能力强、大专或以上层次复合型人才;另一方面,《杭州市2016—2017年度跨境电商产业紧缺人才需求目录》显示,对跨境电商人才的需求,大专及以下占比72%,本科及以上仅占了28%,总体上倾向于专科人才;此外,民营中小微企业的发展,也催生了对专科层次人才的需求。

综上,本项目组主要面向高职高专院校开展此次调研,共发放问卷60份,回收55份,有效问卷48份。

(一) 国际商务(跨境电子商务)专业设置与招生情况

1. 专业设置情况

2015年教育部发布的普通高等学校专业目录中,在国际商务和电子商务两个专业项下分列了跨境电商方向。此次被调研的院校中,17所已开设了国际商务(跨境电子商务)专业,占比例35.42%(见图1-21)。

2. 招生情况

被调研的学校中,2016年招收国际商务(跨境电子商务)专业的学生人数大多为50～80人,占比例31.25%(见图1-22),与市场对本专业人才的

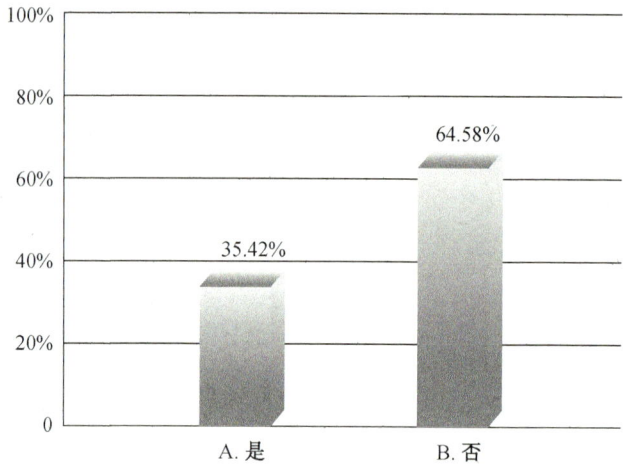

图 1-21　参与调研的院校开设国际商务专业（跨境电商方向）的情况

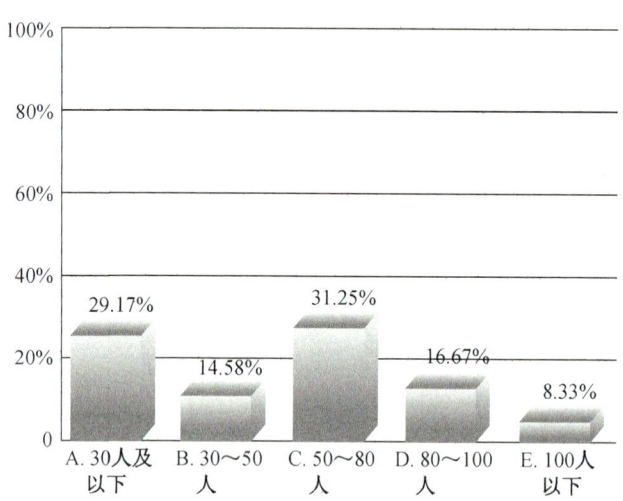

图 1-22　国际商务专业（跨境电商方向）的招生情况

强劲需求相比，显然招生人数不足。其原因一方面是学生及其家长对本专业的认识还不够，另一方面是很多院校还没有及时跟上市场步伐配置师资。

3. 招生预期

被调研的院校中，大多数都对国际商务（跨境电子商务）专业的招生前景基本看好（见图 1-23）。

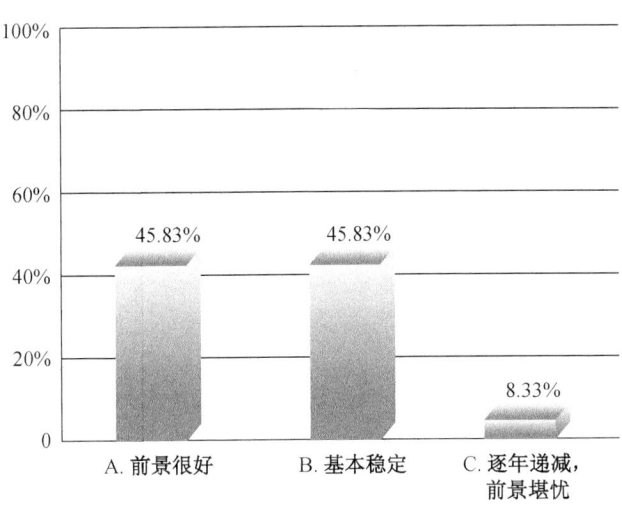

图 1-23　被调研院校对国际商务专业(跨境电商方向)的招生预期

(二) 与跨境电商相关的课程开设情况

1. 学校开设与跨境电商相关的专业课程情况

被调研的院校基本都开设了国际贸易实务(97.92%)、外贸英语函电(87.5%)、外贸单证实务(85.42%)等传统外贸专业课程,开设电子商务课程的院校比重也有 77.08%,这表明大多数院校都意识到了互联网对国际贸易带来的影响(见图 1-24)。从调研数据中能看出,多数高职院校外贸专业对传统外贸的课程相对成熟,但对跨境电商的课程相对陌生。

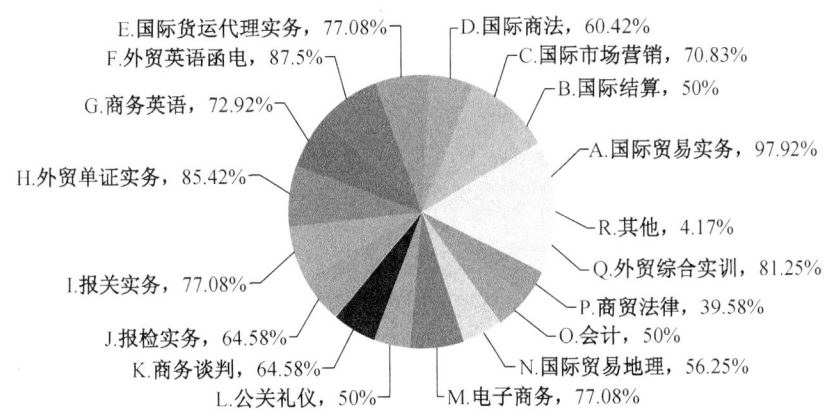

图 1-24　被调研的院校开设与跨境电商相关的专业课程情况

2. 学校开设与跨境电商相关的实践课程情况

被调研的院校中，81.25％开设了与跨境电商相关的实践课程，实践性教学课程占全部课程比重 1/3 以上的院校比例为 52.08％（见图 1-25 和图 1-26）。

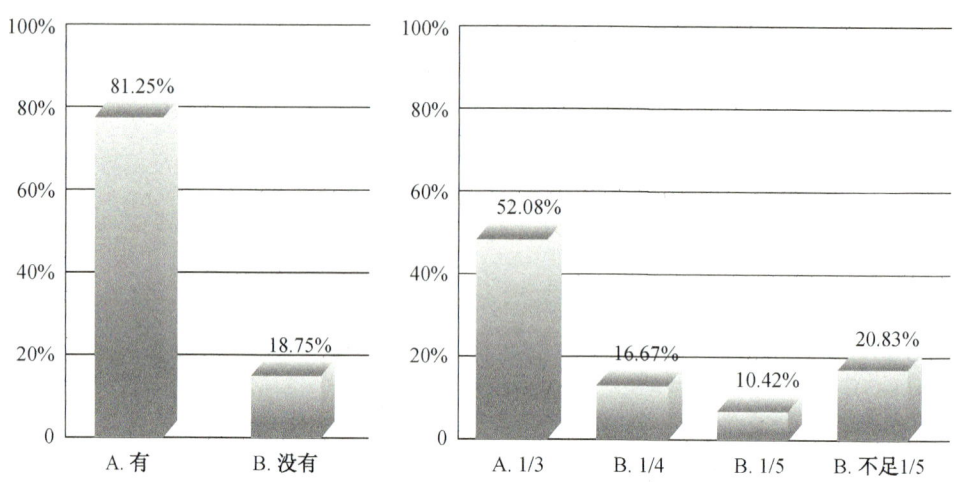

图 1-25　院校开设与跨境电商相关　　　图 1-26　院校开设的实践课程所占比重
　　　　　的实践课程情况

（三）学校建设跨境电商实训基地情况

被调研的院校中，75％都设有与跨境电商相关的实训基地，绝大多数都是设在校内的实训基地（83.33％），但是 64.58％的实训基地都是由校企共建的（见图 1-27 和图 1-28）。

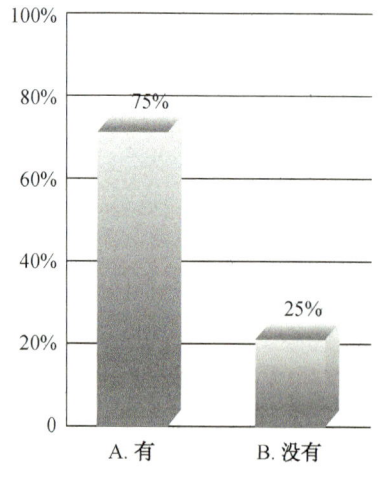
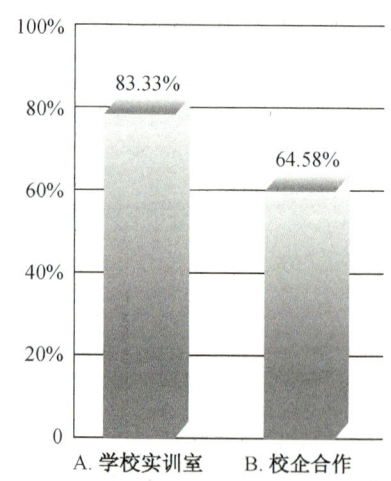

图 1-27　院校开设跨境电商实训基地的情况　　图 1-28　跨境电商实训基地的建设情况

(四) 学校认为国际商务(跨境电子商务)专业毕业生应具备的职业知识、技能与基本素质

1. 学校认为跨境电商人才应具备的职业知识与技能(见图1-29)

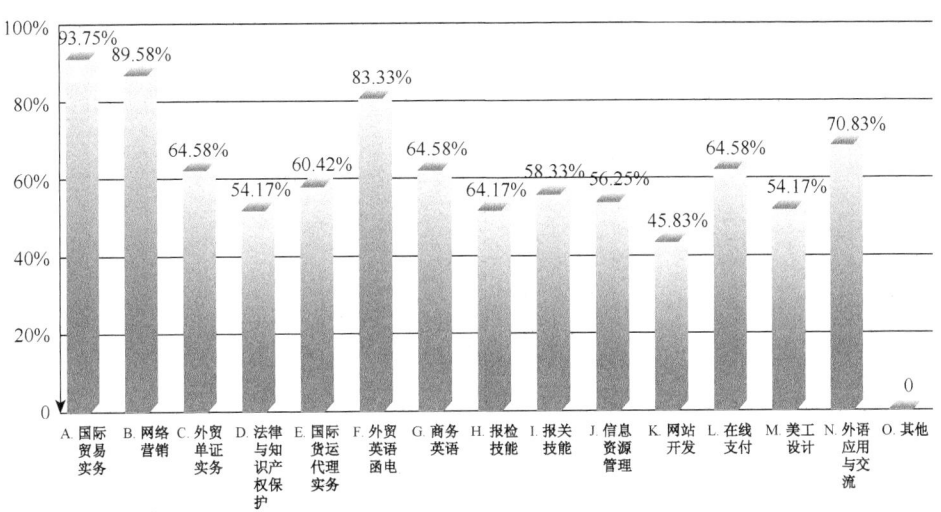

图1-29 学校认为跨境电商人才应具备的职业知识与技能

2. 学校认为跨境电商人才应具备的基本素质(见图1-30)

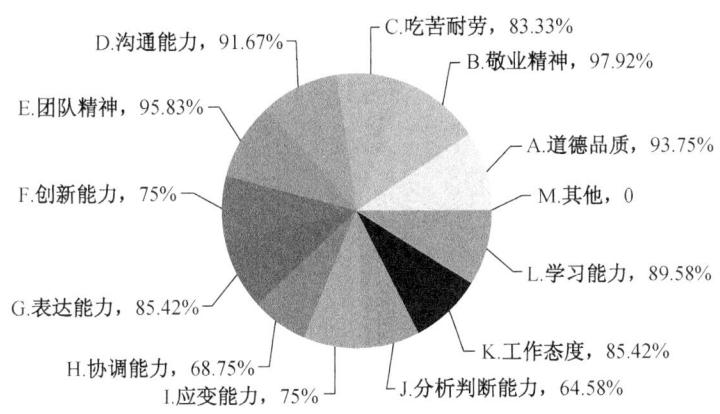

图1-30 学校认为跨境电商人才应具备的基本素质

3. 学校认为应对学生增加哪些方面的训练，以更好适应企业需求（见图1-31）。

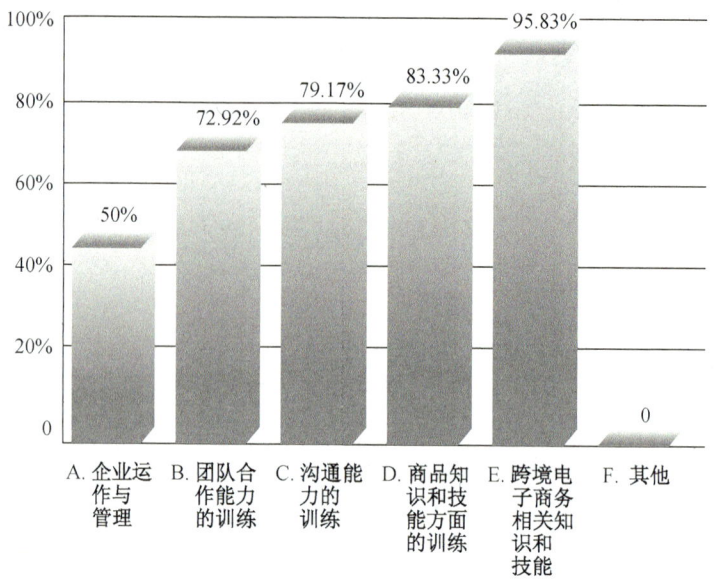

图1-31　学校认为应对学生增加哪些方面训练

（五）跨境电商相关专业学生调研情况

在项目组共向学生发放问卷100份，回收93份，有效问卷76份。由于教育部2015年才增设了跨境电商方向，因此调研对象以在校二年级学生为主，占比例81.82％。接受调研的学生所在院校，95.45％的院校都开设了跨境电商相关的专业。在开设了跨境电商相关专业的院校中，63.64％开设的是国际商务或国际贸易等类似专业，36.36％开设的是电子商务专业。

1. 学生对跨境电商相关专业的认识度

接受调研的学生大多仅处于对跨境电商有点了解的程度，占比68.18％，但完全不了解的学生比例只有9.09％（见图1-32）；54.55％的学生愿意毕业时从事跨境电商相关工作（图1-33），这说明学生对跨境电商有一定的认知度。

2. 学生认为企业招聘时重视的因素

超过40％的学生认为，企业在招聘时重视实战经验，超过30％的学生认为企业在招聘时重视专业知识（见图1-34），这表明学校应在培养过程中强调实践性的专业教学。

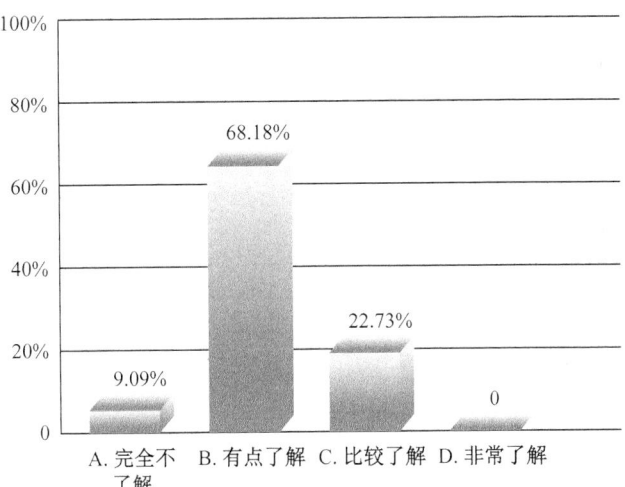

图 1-32　学生对跨境电商相关专业的了解程度

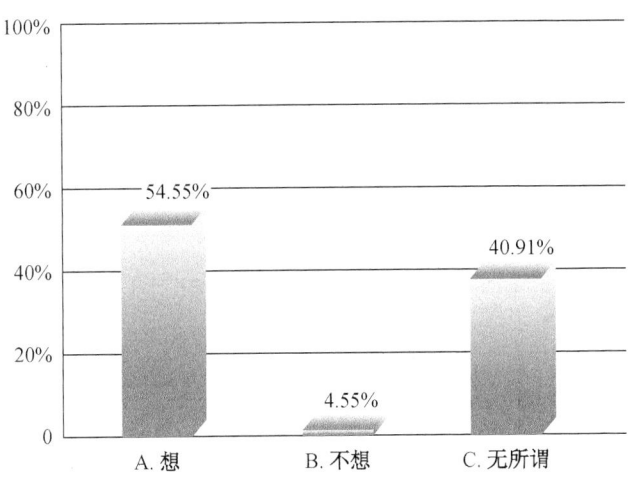

图 1-33　学生从事跨境电商相关工作的意愿

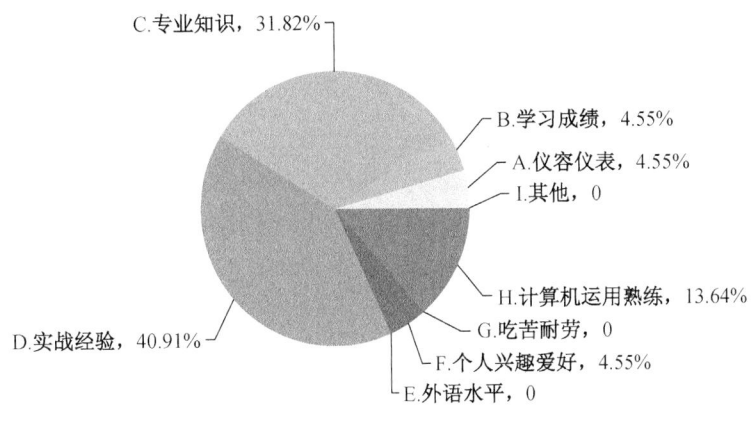

图 1-34　学生认为企业招聘重视的因素

3. 学生认为重要的专业课程

在这一方面，接受调研的学生和教师的态度基本一致，认为最重要的课程分别为网络营销（72.73%）、国际贸易实务（63.64%）、外贸单证实务（54.55%）（见图1-35）。

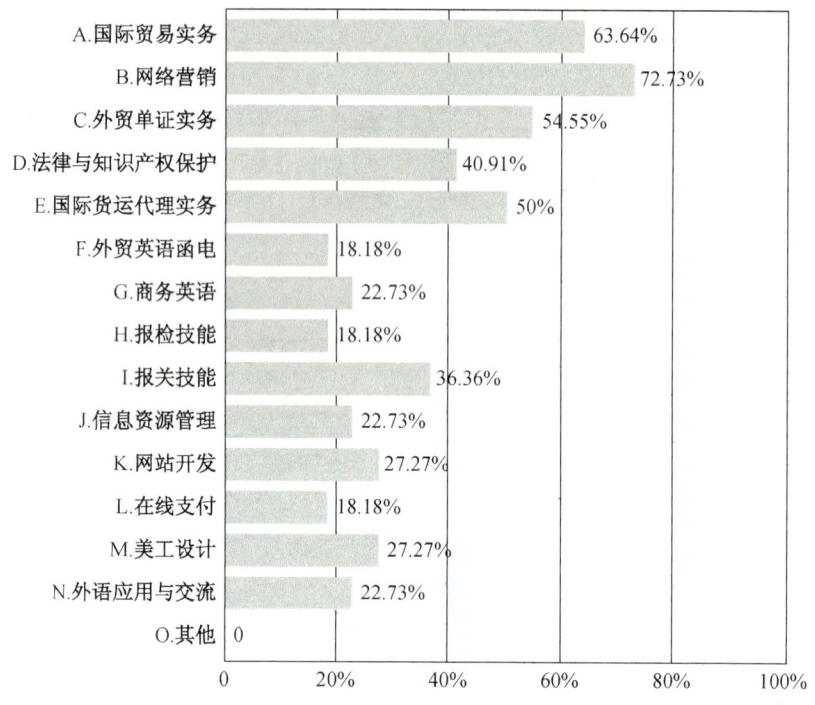

图 1-35　学生认为重要的专业课程

4. 学生在校学习实践课程的情况

77.27%的学生在校期间都接受过学校组织的实践性课程（见图1-36）；这些实践性课程中，主要形式是在校内实训室进行计算机软件模拟训练，还有部分是学校组织到企业开展实训项目（45.45%）（见图1-37）。根据数据可推测出部分院校是以"校内软件模拟实训＋校外企业实践"的形式开展实践课程学习的。

5. 学生认为除了专业课之外，在校还应培养哪些能力

86.36%的学生认为，团队合作能力的培养十分重要，其次是沟通能力（68.18%）、创新能力（63.64%）（见图1-38）。

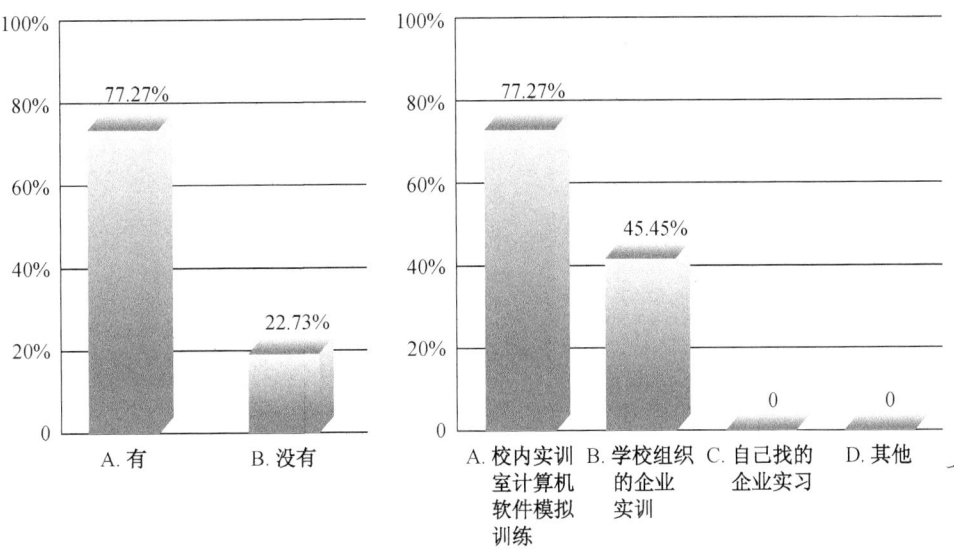

图 1-36 学生是否接受实践性课程
学习的情况

图 1-37 学生接受实践性课程的形式

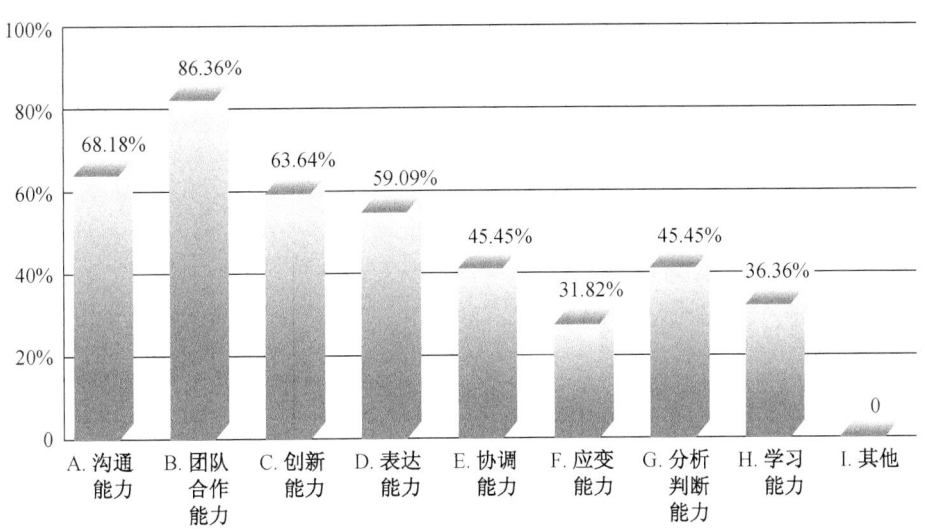

图 1-38 学生认为学校应培养的职业素质

6. 学生认为教学应改进的方面（见图 1-39）

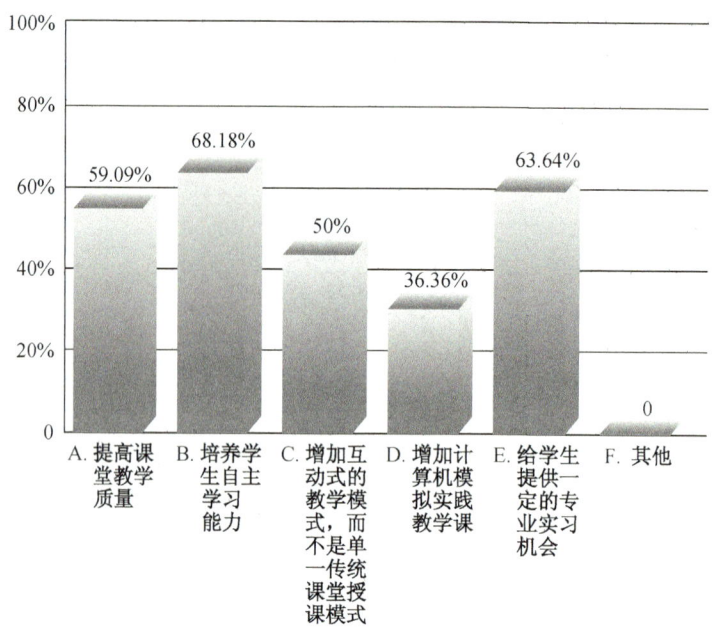

图 1-39　学生认为教学应改进的方面

六、高职国际商务（跨境电子商务）专业教学标准建设的基本思路

根据前面的调研结果，目前企业对于实践能力强的复合型高职层次跨境电商人才缺乏度最大，因此本专业教学标准的制定立足于高职层次。

（一）专业教学标准开发的技术方法

1. 确定职业生涯路径

职业生涯路径的确定需要在企业专家、专业教师与课程专家的共同参与下完成，最终成果以职业生涯路径图呈现，是专业人才培养指导方案的必要组成部分。

1）概念界定

职业生涯路径（Career Pathway）代表着行业向专业化发展的不同方向，它包括专业培养的人才未来所从事的主要工作岗位及发展路线，包括就业岗位、发展岗位与迁移岗位。

2）操作过程

（1）由企业专家根据所了解的情况列出专业可能面向的所有岗位。

（2）对企业专家所列出的岗位进行分析、汇总。

（3）调研并统计该专业毕业生在所列出岗位的就业频率分布。

（4）根据毕业生就业分布统计情况及专业的发展理念,结合所对应的国家职业标准,挑选出该专业应面向的岗位。

（5）根据职业教育的层次及学生的职业生涯发展,区分并确定就业岗位、发展岗位与迁移岗位,绘制职业生涯发展路径图。

3）质量标准

质量标准主要是对岗位进行描述和定位。

2. 分析工作任务与职业能力

工作任务与职业能力分析需要在企业专家、课程专家与专业教师的共同参与下完成,最终的成果以职业能力标准来呈现。操作过程如图 1-40 所示。

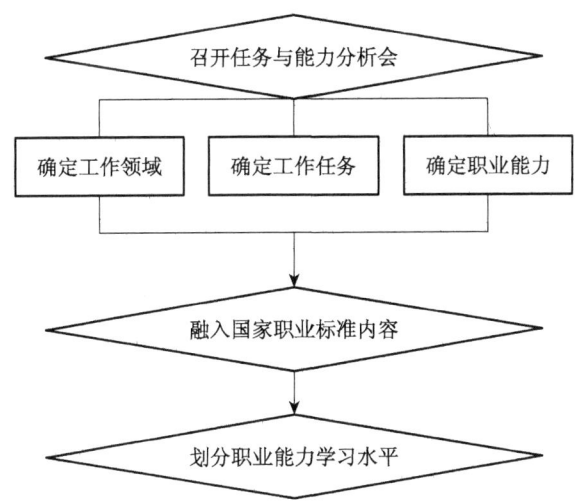

图 1-40　职业能力标准开发的基本步骤

3. 明确人才培养定位

人才培养定位是专业顶层设计中非常重要的环节,最终的成果主要呈现为人才培养目标和人才规格,是专业人才培养指导方案的必要组成部分。

人才培养目标与人才规格的确定,首先,应结合职业教育的层次,以职业生涯路径图中的岗位定位与职业能力标准为基本依据进行;其次,融入职业标准的相关内容,如培养目标中融入职业定义、职业能力特征的内容,人才规格中融入职业道德、基础知识、职业能力特征、职业等级及鉴定要求的内容。

4. 确定课程设置

课程设置是构建完整的课程体系的第一个环节，也是非常关键的环节，主要体现为课程结构及指导性教学安排，是专业人才培养指导方案的核心组成部分。专业课程设置要突破传统的以知识逻辑为依据的现象，确立以工作任务为线索设置课程的理念。遵循这一基本理念，专业课程设置按照以下步骤及相应的方法进行：

(1) 讨论工作领域与工作任务。

(2) 划分通用模块与专用模块。

(3) 绘制课程结构图。

(4) 设计指导性教学安排。

5. 分析课程内容与教学活动（见图 1-41）

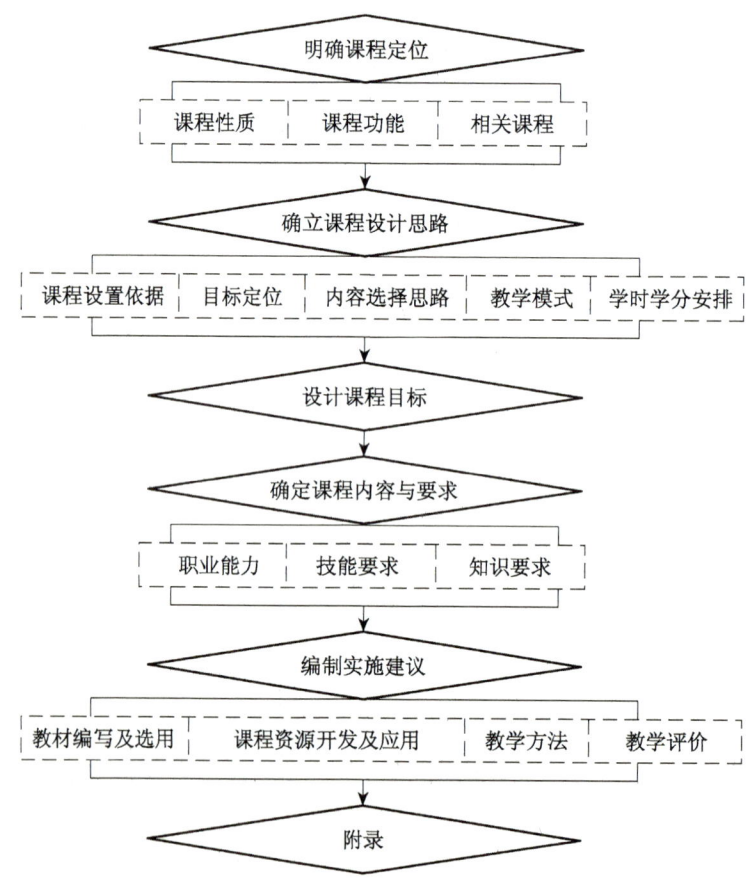

图 1-41 专业课程标准开发的基本过程

6. 确定专业实施条件

(1) 师资条件应在专业生师比、教学团队配置结构以及相应的任职资格与能力要求几方面进行分析与描述。

(2) 实训条件应在确定基本实训人数的前提下,对实训室的功能、适用的课程以及所配置的设施设备几方面进行分析与描述。

(二) 结合调研结果的思考

1. 外贸正在呈现区域协调发展的局面,专业布局应紧跟行业发展步伐

在中国经济新常态下,外贸领域还存在区域发展格局不协调的问题,主要表现为中西部地区与沿海地区的开放水平差距较大,中西部人才资源、开放意识、公共服务、政府效率以及融入国际市场能力等都有待提升。

"一带一路"建设的实施、长江经济带开发建设和黄金水道综合立体交通走廊的形成,给中西部地区进一步开放崛起带来了新的机遇。未来5~10年,扩大向西和西南方向开放,拓宽开放通道,提升经贸合作深度和水平,是我国对外开放的战略重点。

中西部的外贸发展自然而然催生了对相关人才的需求。因此专业布局应紧跟行业发展步伐。

2. 培养目标应明确企业需求,富有地方特色

人才培养目标是制定教学计划、设置相关课程的重要依据。应该在明确行业企业需求的基础上,针对业务岗位的不同设置相应的专业方向,确定个性化培养目标。

各院校更应充分了解本地及周边地区外贸企业的行业发展现状和趋势,在此基础上制定有地方特色的人才培养目标。

3. 专业教学主要内容

(1) 加强创新性的专业课程体系建设。一方面是企业对员工的职业忠诚度的高度重视;另一方面是毕业生因不适应岗位而造成离职率偏高。学校对此应引起高度重视,不能仅仅专注于提高学生的职业技能,还要重视职业人文素质的建设。

围绕企业工作过程提炼核心能力;围绕核心能力的要求构建相应的课程体系;围绕能力目标构建进阶式实践教学项目训练体系;围绕项目训练塑造专业核心能力;围绕培养计划,实施职业人文素质教育。最终,打造出综

合职业能力、素质兼备的复合型人才。

（2）推进校企合作，创新培养模式。跨境电商专业人才具有很强的复合性要求。能够同时掌握技术、贸易专业知识、经济常识和管理能力的创新型人才是需要市场长期培养的。而且，跨境电商近几年才兴起，市场人才配备机制来不及调整是可以理解的，这需要企业、市场和政府三方面的共同协作改善。院校在培养机制上应紧跟市场需求，贯彻校企共育、大力探索现代学徒制的培养模式，并不断提升师资水平，有效达成人才培养目标。

进行校企合作人才培养模式探索，从课程方案的制定、教学内容的选择、教学资源的开发、实习基地建设等方面形成新的模式和机制。

共同制定专业人才培养方案，探索"工学交替""产教融合""现代学徒制"的途径和方法，进行专业课程与岗位群需求对接的研究，并为专业教师的企业实习寻找企业支持。

第二章

跨境电子商务岗位及职业能力标准

一、跨境电子商务职业生涯路径

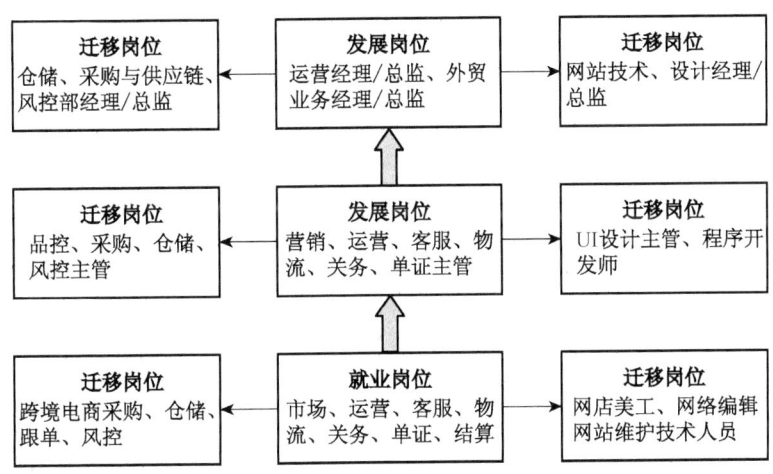

二、基于工作过程及学习领域开发

主要就业岗位（群）	工作过程	主要职业能力	学习领域
跨境电商操作岗位群（采购、跟单、营销、市场推广、客服）	市场定位 采购产品 跟踪收货 产品营销 处理订单	能进行市场定位 能开发市场 能运用多种手段开展营销	跨境市场营销、跨境电商客服实训
		能制订采购计划,合理预算 能寻找、选择供应商 能磋商并签订采购合同 能进行货物生产跟单 能完成货物验收	跨境采购与跟单

（续表）

主要就业岗位（群）	工作过程	主要职业能力	学习领域
跨境运营维护岗位群（运营、美工、文案、策划）	选择平台 注册开店 商品上架 产品推广 绩效分析	能制定运营策略 能进行商品数字化 能在主流交易平台开展运作与管理	跨境电商运营实务、跨境电商视觉营销实训、跨境电商推广实训
跨境物流岗位群（仓管、物流专员、货代操作）	选择运输方式 货物托运 货物运输 货物入仓 货物提取	能办理托运手续 能跟踪运输进度 能进行保税仓、海外仓操作 能完成货单交接	跨境物流与货代
跨境通关岗位群（报检、报关、关务专员）	准备单据 电子申报 配合查验 放行提货	能准备正确的申报单据 能正确进行电子申报 能配合关检机构查验 能及时提货	报检与报关实务
支付结算岗位群（外贸单证、风控专员、外汇管理专员）	准备全套单据 审核单据 收款或结汇	能选择恰当的结算方式 能按要求提供结算所需单据 能及时收汇、结汇	外贸单证与结算实务

▌▶ 三、主要职业能力分析

工作领域1	工作任务		职业能力
国际商务职业核心素养	1-1	职业生涯规划与发展	1-1-1 能根据国际商务（跨境电商）的职业发展通道明确自身的职业发展
			1-1-2 能根据所在企业的发展趋势适时调整自身的角色与地位
			1-1-3 能根据岗位需要，不断完善从事国际商务（跨境电商）工作所需要的知识与能力
			1-1-4 能认真履行岗位工作职责
			1-1-5 能经常跟进所从事行业及职业发展态势
	1-2	职业道德与法律法规	1-2-1 能遵守国际商务领域相关的政策、法律和法规
			1-2-2 能遵守相应的法律法规和企业规章制度
			1-2-3 能遵守职业道德，保守商业秘密，公平处事，诚信待人
			1-2-4 能对企业在业务过程中遇到的问题依法进行分析，并提出解决方案

（续表）

工作领域1	工作任务	职业能力	
	1-3 沟通与交流	1-3-1	能用中文或至少一门外语进行交流,并获取有效信息
		1-3-2	能进行恰当的书面形式交流
		1-3-3	能清晰准确地汇报工作,并明确下达工作任务
		1-3-4	能运用现代信息技术演示自己的观点
		1-3-5	能准确表达自己,倾听并理解他人的意见
		1-3-6	能运用有效的沟通技巧,保持与客户的良好合作关系
		1-3-7	能按照商务礼仪要求,与世界各国客户进行商务交往
	1-4 思维与创新	1-4-1	能根据主题需要进行调研,收集有效的信息资料
		1-4-2	能根据需要整理、归纳、分析相关资料信息
		1-4-3	能甄别、判断业务中存在的问题
		1-4-4	能根据意外事件或情况进行有效评估,并及时调整工作计划
		1-4-5	能就存在的问题提出有效解决方案
	1-5 团队合作	1-5-1	能与团队成员积极合作,能主动维护团队利益
		1-5-2	能在团队中负责地履行作为团队成员的职责
		1-5-3	能运用技巧来启发、鼓励团队成员进取
		1-5-4	能协调团队内部的工作进度和分工合作
		1-5-5	能化解团队内部的冲突从而保持工作效率
	1-6 职业安全	1-6-1	能在遇到紧急事件、事故中有效实施单位的应急方案
		1-6-2	能遵守国家及当地关于员工的安全、健康和环境保护方面的法规、条例
		1-6-3	能识别工作场所中的通用标志和符号
		1-6-4	能遵守工作场所中的健康行为要求
		1-6-5	能正确使用单位的安全设施设备
	1-7 计算机应用与办公设备操作	1-7-1	能操作和应用 Office 等办公软件
		1-7-2	能操作和应用常规互联网工具
		1-7-3	能使用各种现代化办公设施设备

工作领域 2	工作任务	职业能力	
跨境市场营销	2-1 市场定位	2-1-1	能根据市场调研方案协助做好相应的信息收集、整理、统计和分析工作
		2-1-2	能根据企业市场战略协助分析贸易环境和调研潜在国际市场
		2-1-3	能协助调查消费者行为，并剖析目标客户
		2-1-4	能协助选择和明确目标市场，开发贸易产品
		2-1-5	能根据市场调查结果，制定市场定位策略
	2-2 市场拓展	2-2-1	能收集、整理、分析同行的市场行情、产品价格、新产品、替代品、客源等信息资料
		2-2-2	能根据企业营销策略和产品情况，注册并维护电子商务平台
		2-2-3	能使用网络营销工具进行网络信息的检索，寻找目标客户，并协助开展客户资讯调查
		2-2-4	能根据企业营销方案，运用电子商务平台进行产品及服务信息的收集、整理、发布和推广
		2-2-5	能及时记录贸易中发生的各种与产品有关的异议，协助相关部门妥善处理
		2-2-6	能按工作要求，建立客户档案，开展客户跟踪和客户信用管理，并及时更新信息
	2-3 产品营销	2-3-1	能采用合理的服务、价格、渠道、促销策略并进行组合，确保营销活动的有效性
		2-3-2	能按指定要求，协助制定营销活动方案，并开展营销活动
		2-3-3	能识别和防范网络营销中的风险
		2-3-4	能进行企业介绍、产品介绍、产品价格比较和产品质量比较（中英文）
		2-3-5	能参与销售谈判，做好记录，并协助起草格式化销售合同或协议
		2-3-6	能按企业管理要求正确进行网上交易，并保存网上交易记录
		2-3-7	能按工作要求，进行订单处理，做好合同款项的支付、到账登记，并协助业务人员及时付款和催收账款，提供相关信息
		2-3-8	能审查交易记录，跟踪和维护企业的网络营销效果，监控及评估营销活动绩效

工作领域3	工作任务	职业能力
跨境采购与跟单	3-1 岗位认知	3-1-1 跨境采购、跟单岗位认知
		3-1-2 基本职业素质要求
	3-2 处理外贸订单	3-2-1 能通过网络渠道评审国外客户资信
		3-2-2 能识读外贸订单
	3-3 采购计划与预算	3-3-1 能确定采购需求,编制采购计划
		3-3-2 能进行采购预算,编制预算表
	3-4 寻找、选择供应商	3-4-1 能在网上调查和评估产品及服务的供应商
		3-4-2 能选择合适的供应商,并分类管理
	3-5 常见采购方式应用	3-5-1 能够进行招标采购
		3-5-2 能够进行电子采购
		3-5-3 能运用 MRP、JIT 原理进行即时制采购
	3-6 采购合同的签订	3-6-1 能参与磋商,并协助拟定采购或加工合同,并仔细核对数量、金额、验货方式、付款方式、突发问题的解决办法和索赔方式
		3-6-2 能对采购合同进行管理
	3-7 样品跟单	3-7-1 能识读外贸订单及客户来函中的打样要求
		3-7-2 能跟进样品生产
		3-7-3 能实施样品寄送和样品管理
	3-8 生产跟单	3-8-1 能根据买方要求,及时与产品供应商进行有效沟通
		3-8-2 能协助财务支付定金,并电话跟踪钱款是否到账
		3-8-3 能按加工合同监督商品生产过程
		3-8-4 能按加工合同控制商品的生产进度
		3-8-5 能按加工合同监控商品的质量
		3-8-6 能按加工合同监控产品包装情况
		3-8-7 能在跟单过程中开展风险控制与防范工作
	3-9 货物验收	3-9-1 能根据合同规定采购商品,并处理采购过程中的相关事宜
		3-9-2 能根据采购合同规定履行条款,并处理相关事宜
		3-9-3 能根据不同货物选择相关货物质量证明,并对品质异议进行处理
		3-9-4 能按合同规定验收货物,并督促产品生产商按时发货

工作领域 4	工作任务		职业能力	
第三方平台开店及运营推广	4-1	选择的跨境电商平台，注册店铺	4-1-1	能写出跨境电商贸易的基本业务流程
			4-1-2	能在主流交易平台（速卖通、EBAY、WISH 等）进行符合平台规则的基本运作
			4-1-3	能分析并选择合适的第三方平台
			4-1-4	能正确在平台上搜索分析相关信息，正确选择符合平台规则的商品
			4-1-5	能进行第三方平台的注册
			4-1-4	能开通国际支付方式
	4-2	物流方式的选择	4-2-1	能合理选择小额货物的跨境物流方式
			4-2-2	能设计跨境物流方案
			4-2-3	能正确设置物流运费模板
	4-3	市场选品	4-3-1	能进行站内选品
			4-3-2	能开展站外选品
			4-3-2	能根据店铺定位合理规划商品品类及结构
	4-4	发布商品	4-4-1	能用英文进行正确的商品描述
			4-4-2	能设计商品标题
			4-4-3	能进行主图设计
			4-4-4	能进行文案编辑
			4-4-5	能按给定条件进行商品报价核算，并确认付款方式
			4-4-6	能进行产品资料整理及优化，安排上架
	4-5	产品推广	4-5-1	能灵活应用平台免费营销工具进行产品推广
			4-5-2	能合理选择平台付费工具对主推商品进行产品推广
			4-5-3	能申请国际社交网络账号，进行平台外部推广操作
			4-5-4	能对客户进行分类记录，针对不同客户采取相应的推广方案
			4-5-5	能科学利用数据工具，对推广效果进行比较分析
			4-5-6	能根据推广反馈效果，修正、优化方案

工作领域5	工作任务	职业能力
货物运输、报检、通关	5-1　货物托运	5-1-1　能查询海运、空运、铁路、多式联运等运输的最新价格,提出货代公司的选择建议
		5-1-2　能协助办理货物托运的相关手续
		5-1-3　能跟踪货物运输进度,并及时提供相关信息
	5-2　运输单据缮制	5-2-1　能按要求提供或缮制相关海运单据给货代
		5-2-2　能按要求提供或缮制相关空运单据给货代
		5-2-3　能按要求提供或缮制相关公路或铁路运输单据给货运代理
		5-2-4　能按要求提供或缮制相关多式联运单据给货运代理
	5-3　常用外运业务	5-3-1　能写出常见运输方式如海运、空运、陆运、多式联运等基本操作流程
		5-3-2　能辨析合同运输条款的具体要求
		5-3-3　能选择正确的运输方式,确定正确的启运数量
		5-3-4　能查询运输班期、路线、报价并选择合适的运输路线
		5-3-5　能合理选择费率,并计算运费
		5-3-6　能进行订舱的相关操作
	5-4　货代信息反馈	5-4-1　能确认进仓通知内容
		5-4-2　能准确、完整记录业务台账(如船名、航次和关单号等)
		5-4-3　能联系运输,并交接相关运输单据
		5-4-4　能向委托人和船公司确认提单等运输单据
		5-4-5　能反馈航次、订船、箱位等运输信息
	5-5　跨境小包货物物流业务	5-5-1　能选择合适的小包物流运输方式
		5-5-2　能进行邮政物流运输操作
		5-5-3　能进行国际商业快递运输操作
		5-5-4　能进行国际专线物流操作
	5-6　保税仓与海外仓业务	5-6-1　能根据海关规定操作保税仓货物的出库、入库
		5-6-2　能正确操作海外仓集货物流

（续表）

工作领域5	工作任务	职业能力	
货物运输、报检、通关	5-7 报检与通关	5-7-1	能写出国际贸易报检、通关流程
		5-7-2	能进行商品编码的基本查询
		5-7-3	能根据不同类型的商品准备报检、报关单据
		5-7-4	能缮制报检单、报关单
		5-7-5	能设计通关方案并实施
		5-7-6	能利用"单一窗口"平台快速通关
		5-7-7	能实施跨境电商小批量货物高效通关
	5-8 货单交接	5-8-1	能跟踪仓库内装进度
		5-8-2	能根据预配清单进行相关操作
		5-8-3	能合理装箱、拆箱、分拨、核对、计数
		5-8-4	能按海关监管规定办理货物交接

工作领域6	工作任务	职业能力	
外贸单证缮制、审核与结算	6-1 常用支付方式的选择	6-1-1	能写出汇付结算业务流程
		6-1-2	能写出托收结算业务流程
		6-1-3	能写出信用证结算业务流程
		6-1-4	能写出第三方平台支付业务流程
		6-1-5	能根据业务选择合适的支付方式
	6-2 单证制作	6-2-1	能辨认合同、信用证主要条款
		6-2-2	能根据有关信用证、合同、惯例和法律法规制作符合要求的结汇基本单据
		6-2-3	能进行EDI电子单据的操作
		6-2-4	能根据实际业务情况制作其他相关委托单据
		6-2-5	能制作小额跨境贸易下的相关单据
	6-3 单证审核	6-3-1	能根据有关合同、惯例和法律法规，进行信用证审核
		6-3-2	能根据有关信用证、合同、惯例和法律法规审核主要结汇单据
		6-3-3	能根据相关信息，审核海运出口托运单、海运提单、空运单、承运货物收据等主要运输单证
		6-3-4	能根据实际业务要求对EDI电子单据进行审核

（续表）

工作领域6	工作任务	职业能力
外贸单证缮制、审核与结算	6-4 单证传递	6-4-1 能在不同结算方式下，正确办理交单结汇
		6-4-2 能按信用证或客户的要求寄单
		6-4-3 能建立流转台账
		6-4-4 能进行单据跟踪
	6-5 单证归档	6-5-1 能按工作要求，对业务单据进行分类
		6-5-2 能按工作要求，整理整套单据，并归档留存
		6-5-3 能按要求进行单据信息的统计及分析，并撰写简单的单据分析报告
	6-5 第三方跨境支付	6-5-1 能选择合适的第三方支付平台
		6-5-2 能进行第三方平台支付操作
		6-5-3 能合理规避第三方支付的风险
	6-6 外贸结算业务善后	6-6-1 能根据现行政策协助办理出口退税
		6-6-2 能协助办理出口收汇和进口付汇等相关工作
		6-6-3 能协助解决进出口贸易纠纷
		6-6-4 能协助办理进出口贸易索赔理赔工作

第三章

高职院校国际商务（跨境电子商务）专业教学标准

▌▶ 一、专业名称（专业代码）

国际商务（630503）

▌▶ 二、入学要求

普通高中毕业生/中等职业学校毕业生

▌▶ 三、基本学制

三年　专科

▌▶ 四、培养目标

本专业主要培养以完善人格为根基，德、智、体全面发展，面向外贸公司、跨境电商平台公司、货代物流公司、外贸综合服务公司等从事跨境电子商务的涉外企业，尤其是面向中小微企业，具备扎实的国际贸易知识，通晓跨境电商平台操作，能熟练运用英语（或其他外语），精营销、强运维、熟物流、会通关、能结算，兼具合作沟通、岗位迁移、创新创业等通用能力的复合型人才。

五、职业生涯路径

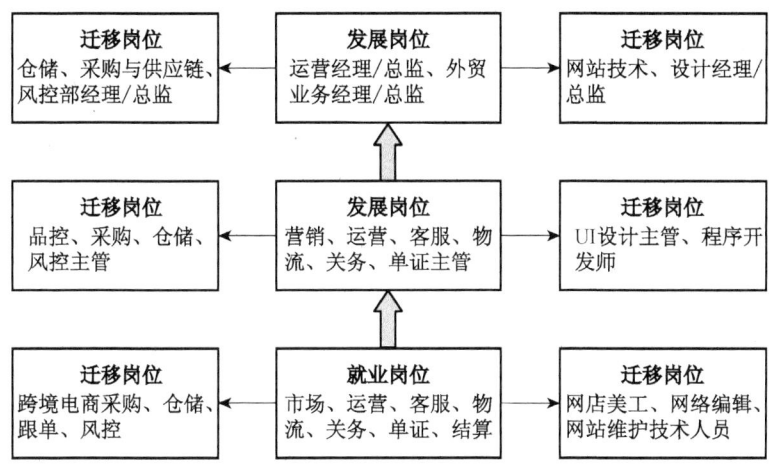

六、人才规格

本专业毕业生应具有以下职业能力和职业素养。

(一)职业能力

职业能力	主要内容
语言能力	有较强的阅读能力,能在外文国际网站上查找并获取最新资讯;写作方面,能进行产品外文描述,与外国客户进行在线外语沟通等。除英语外,如能掌握其他小语种更佳
电子商务能力	进行店铺设计与装修、产品发布与下架、价格设置;有一定的商品拍摄、图片处理能力;熟悉在线交易流程,能进行支付与配送,有效开展客户服务
国际贸易能力	掌握国际贸易规则、交易程序及操作要求等;熟悉国际快递、海外仓等国际物流业务;能进行报检报关等通关业务
市场营销能力	采品采购、SEO 优化、网络营销、客户需求分析;进行海外市场调研、预测、分析等;利用电商平台进行网络营销推广,利用论坛等多渠道进行产品营销;进行商务磋商和订单处理
综合拓展能力	熟悉相关的法律法规;具备一定的企业管理、财务管理、人力资源管理、客户管理、知识产权、品牌形象管理等各项综合能力;具有团队协作精神和创新意识

(二)职业素养

(1)具有良好的品德修养和职业道德,具有一定的文化艺术修养。

（2）具有较强的法律意识，严格按照相关法律法规做事。

（3）具有良好的敬业精神，具有诚信意识、质量意识和合同意识。

（4）具有较强的责任意识，严格按照外贸业务操作规程工作，形成良好的行为规范。

（5）具有较强的团队精神，具备良好的人际交往能力、团队合作精神，具有较好的礼仪礼节。

（6）具有良好的心理素质，具有健康的体魄和良好的心理调控能力。

（7）具有一定的竞争意识，较强的开拓精神，以及较强的创新意识。

▌▶ 七、主要接续专业

中职：电子商务、国际商务、商务英语。

本科：国际经济与贸易、国际商务。

▌▶ 八、主要课程结构

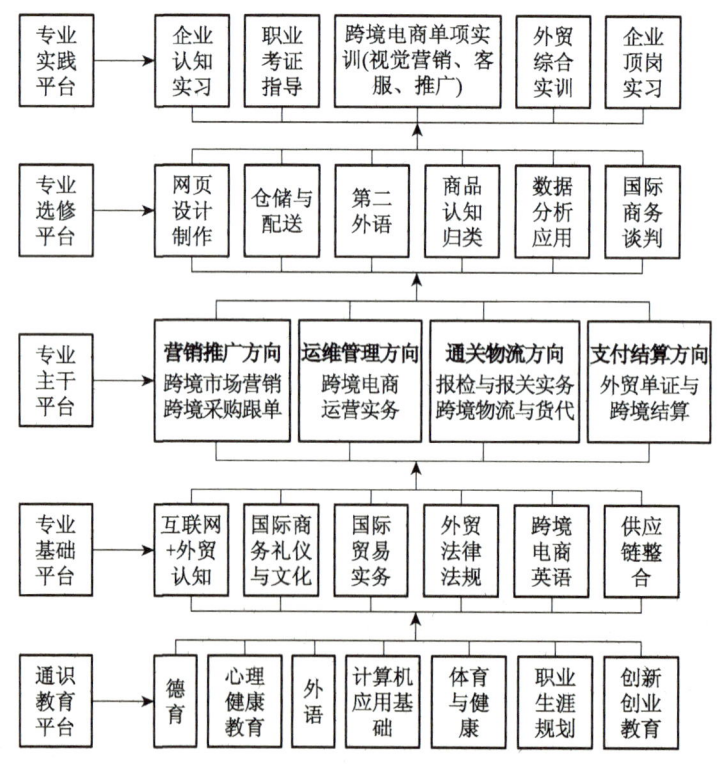

九、专业主干课程简介

序号	课程名称	主要教学要求和目标	参考学时
1	跨境市场营销	<ul><li>能根据市场调研方案协助做好信息收集、分析工作</li><li>能根据调研信息正确进行市场定位</li><li>能根据全球市场特点,结合自身产品特点选定推广网络平台</li><li>能充分运用网络营销工具进行目标客户的锁定及推介</li><li>能采用合理的服务、价格、渠道、促销策略并进行组合</li><li>能协助制订营销活动开展,并开展营销活动</li><li>能识别和防范网络营销中的风险</li><li>能审查交易记录,跟踪和维护企业的网络营销效果,监控及评估营销活动绩效</li></ul>	72
2	跨境采购与跟单	<ul><li>能够根据给定条件选择合格的供应商并撰写资信调查报告</li><li>能够审查外单并转化成内单</li><li>能够采用合适的采购方式,签订采购合同</li><li>能够识别订单要求,协助样品生产,实施样品寄送和样品管理</li><li>能够制作并审核采购订单,跟进采购过程</li><li>能够根据生产日报表判断国内工厂生产进程是否异常,并能够提出解决办法</li><li>能够正确运用GB2828正常检验一次抽样方案进行抽样检验,并能正确评价检验结果</li><li>能够根据给定条件确定包装类型及数量</li><li>能够有效管理供应商的信息并掌握与之沟通的方法</li></ul>	72
3	跨境电商运营实务	<ul><li>能分析并选择合适的第三方平台</li><li>能进行第三方平台的注册、运费及物流模板设置</li><li>能进行站内选品、站外选品</li><li>能根据店铺定位合理规划商品品类及结构</li><li>能对商品进行英文翻译、标题设计、主图设计等数字化基本处理</li><li>能按条件对商品进行价格与成本核算</li><li>能灵活运用平台营销工具组合推广产品</li><li>能进行平台外部推广操作</li><li>能科学运用数据工具,对推广效果进行分析比较</li><li>能根据推广反馈效果,修正、优化方案</li><li>能进行订单处理、发货并做好售后服务</li></ul>	72

（续表）

序号	课程名称	主要教学要求和目标	参考学时
4	报检与报关实务	<ul><li>能初步分析报检范围，通过查询《法检目录》明确检验检疫要求</li><li>能查询《税则目录》，确定商品的海关监管要求及征税要求</li><li>能根据不同的商品准备相应的报检、报关单据</li><li>能根据已知条件，缮制报检单、报关单</li><li>能够进行 EDI 电子单据或海关 QP 系统的正确录入及发送</li><li>能设计通关方案并实施</li><li>能利用"单一窗口"平台快速通关</li><li>能实施跨境电商小批量货物高效通关</li><li>能够及时跟进商检或海关颁布的新政策或措施，提高工作效率</li></ul>	72
5	跨境物流与货代	<ul><li>能辨析合同运输条款的具体要求</li><li>能选择正确的运输方式，确定正确的启运数量</li><li>能查询运输的最新价格，提出货代公司的选择建议</li><li>能协助办理货物托运的相关手续</li><li>能跟踪货物运输进度，并及时提供相关信息</li><li>能按要求提供或缮制相关运输单据给货运代理</li><li>能根据海关等机构的相关规定，正确办理保税仓入、出库手续</li><li>能进行海外仓的基本物流操作及物流跟踪</li></ul>	72
6	外贸单证与跨境结算	<ul><li>能够熟练地审核信用证，找出与合同的不符点</li><li>能通过相关业务渠道获取制单信息，正确缮制外贸单证</li><li>能够熟练地审核业务项下的单据，做到"单证一致，单单一致"</li><li>能够进行 EDI 电子单据的制作与审核</li><li>能够制作并审核小额跨境贸易项下的相关单据</li><li>能按要求寄单、办理单据交接、进行单据跟踪</li><li>能根据不同的结算业务要求提交单据</li><li>能进行小额贸易项下的结算操作</li><li>能按工作要求进行单证归档</li><li>能进行跨境结算业务善后处理</li></ul>	72

▋▶ 十、教学安排及说明

本专业教学安排坚持职业能力与职业素质相兼顾、就业导向与可持续发展相统一的原则，开展个性化培养，系统化设计专业的人才培养方案。

为了培养实战型跨境电商人才，应在教学中尽量引入真实项目，真正实现学中做、做中学、产学互动、知行合一。

▶▶ 十一、专业办学基本条件和教学建议

(一)专业教学团队

专业教师生师比以不高于 25∶1 为宜,要组建一支高素质的"双师结构"教学团队。专业主干课程应由校内专任教师和行业兼职共同完成教学。其中,实践实训部分应以行业兼职教师指导为主,行业兼职教师人数所占比例应不低于全校教师人数的 50％。专任教师应具有职业能力证书,或者拥有 3 年以上的行业企业工作经历。

(二)教学设施

校企共建仿真型校内实训基地,争取建设全真型校外实训基地,为学生开展业务实训、顶岗实习提供基本教学条件。

在校内实训基地建设方面,应建立理实一体化的校内实训室,为学生提供一个身临其境的外贸业务实训操作平台,满足学生进行跨境电商业务学习的实训需要,提高学生业务岗位的适应能力;为相关人员业务培训提供服务,推动跨境电商教学内容与教学方法改革。

要积极与企业开展产学合作,建设校外实习基地、校中企、企中校,以利于工学结合、顶岗实习等教学活动的开展。建立网络教学平台,能够通过现代信息技术手段开展教学。

(三)教材及图书、数字化(网络)资料等学习资源

教材图书资料要及时融入行业企业发展的新制度、新法规、新业务、新产品、新做法,争取运用现有的或组织建设专业教学资源库,利用数字化网络为专业教学提供各类学习资源。结合专业发展的新趋势、人才市场需求的新变化、企事业用人单位的特定需求及时进行教学资源与教学素材的调整、补充、更新,以满足培养市场化跨境电商专门人才的特定需求。

(四)教学方法、手段与教学组织形式建议

专业主干课程主要采用项目课程的设计思路,努力以典型工作过程为

载体，实施跨任务教学，融合理论知识与实践知识，以更好地培养学生的综合职业能力。以学生为中心，以项目活动为载体，按照理论与实践一体化的要求组织教学。在教学过程中教师可根据学生特点激发学生的学习兴趣，实行合作教学、任务驱动、项目导向等多种形式的"做中学、做中教"的教学模式。根据专业教学的需要，在不同的时间段安排学生开展专业课程工学结合的教学活动，组织学生进行认知实习、专业实习、课程实训及顶岗实习等各种实践，全面提高学生的综合职业能力。

（五）教学评价、考核建议

教学评价应兼顾认知、技能、情感等多个方面，评价应体现评价标准、评价主体、评价方式、评价过程的多元化，如观察、口试、笔试、顶岗操作、职业技能大赛、职业资格鉴定等评价、评定方式。尽量引进更多的行业企业和社会第三方组织进行评价。要突出能力的考核评价方式，体现对综合素质的评价。

（六）顶岗实习管理

校企共同制定顶岗实习方案，实行专业对口实习。要加强实习制度建设，明确校企合作各方的权利、义务和责任，构建分级管理、分级负责、层层落实的学生实习管理政策制度体系。要加强顶岗实习过程管理，切实保障学生的安全与权益，构建校企共同指导、共同管理、合作育人的顶岗实习工作机制。

第四章

国际商务(跨境电子商务)专业
核心课程标准

一、"跨境市场营销"课程标准

课程名称: 跨境市场营销

课程类别: 专业核心课

适用专业: 国际商务(跨境电子商务)专业

开课学期: 第二学期

学时: 72

1. 课程定位和课程设计

1.1 课程性质与作用

本课程是国际商务(跨境电子商务)专业的核心课程,具体学习如何分析国际市场环境,找准市场定位,制定产品营销策略,合理运用营销工具尤其是网络营销工具,进行跨境营销活动。

本课程是在"互联网+"外贸认知、国际贸易实务等先行课的基础上开设的,学生已对国际贸易的发展及跨境电商的缘起有了基础认识,并熟悉了外贸业务基本流程,为本课程的学习奠定良好基础;平行课程有跨境采购与跟单,帮助学生理解优质的产品和高效的营销是相辅相成、缺一不可的,只有在充分了解产品、确保产品质量、明确产品的目标客户的前提下才能做好营销;其后续课程有跨境物流与货代、报检与报关实务、外贸单证与跨境结算等。课程体系以工作过程为导向按序进行,既使学生掌握本课程的基本内容,也帮助学生深刻理解整个跨境贸易的业务操作。

1.2　课程基本理念

本课程依托校企合作，进行基于真实工作过程的课程开发设计理念。以职业能力培养为重点，以跨境营销工作实践过程为主线，与行业企业充分合作进行课程设计与开发。

高度重视学生职业能力与职业素质的培养，以岗位职业标准为依据设计整体教学内容；教学组织以学生为主体，以项目为载体，紧密结合实际，科学合理地设计教学环节；充分利用校内教学资源和实训基地，灵活运用各种教学方法和手段；同时融"教、学、做"为一体，充分体现课程的系统性、职业性、实践性和开放性特点。

1.3　课程设计思路

本课程围绕外贸企业的市场推广、营销专员等岗位要求，以工作项目为载体，以教学实践为途径，以校企共育为纽带，实现知识、能力和职业素养的有效融合。

本课程的设计主要是考虑到企业实际，基于工作过程为导向来设计的，尤其是互联网＋时代下，依据营销基本原理开展的网络营销新模式；另外，还考虑到学生的需要、学生的现有基础来设计课程，体现以学生为本的宗旨。建议利用信息化教学资源库，以学生自主学习为主，采用"翻转课堂"、教师教学为辅的模式，强调"教、学、做一体"。

1.3.1　由学校教师和企业专家共同分析职业能力、岗位职责，同时听取实习学生、毕业学生的意见和建议，制定课程标准，设计工作项目。

1.3.2　成立校企合作教学团队，校内老师和企业带教老师共同完成教学任务。

1.3.3　采用多样化的教学方法和手段，因材施教。

1.3.4　通过合理有效的考核体系，全方位评价学生学习结果。

2.　课程目标

本课程具有实践性、开放性的特点，既注重培养学生的职业技能，又注重培养学生的职业素养。课程目标可分解为知识目标、能力目标和素质目标。

2.1　知识目标

（1）理解国际市场营销的基本原理。

（2）了解全球主要跨境贸易市场概况及特点。

（3）掌握国际市场调研及分析的基本方法。

（4）掌握目标客户的选择与锁定的基本方法。

（5）熟悉服务、价格、渠道、促销等主要营销策略。

（6）熟悉跨境电子商务网络营销的主要工具。

（7）掌握跨境电子商务网络营销的基本方法。

2.2　能力目标

（1）能根据市场调研方案协助做好信息收集、分析工作。

（2）能根据调研信息正确进行市场定位。

（3）能根据全球市场特点，结合自身产品特点选定推广网络平台。

（4）能充分运用网络营销工具进行目标客户的锁定及推介。

（5）能采用合理的服务、价格、渠道、促销策略并进行组合。

（6）能协助制订营销活动开展，并开展营销活动。

（7）能识别和防范网络营销中的风险。

（8）能审查交易记录，跟踪和维护企业的网络营销效果，监控及评估营销活动绩效。

2.3　素质目标

（1）培养学生互帮互助的合作意识，使学生在实际工作过程中能充分发挥团队合作精神。

（2）具备跨境贸易从业人员要求的基本素养，培养学生严谨、耐心、负责的工作态度，以及强烈的服务意识。

（3）培养学生良好的语言表达、人际沟通及协调的能力。

（4）培养学生较强的独立思考、理解分析能力，具备较好的可持续发展能力。

3. 课程内容与要求

3.1　课程内容

本课程采用以项目为导向，实施任务驱动；将理论与实践相结合；教学过程以学生为主体，重点突出职业能力的培养。

教学项目		子项目	参考学时
项目名称	项目描述		
认识跨境营销岗位	对本岗位工作及职业要求的基本认知	（1）认识跨境贸易营销岗位的工作范围及要求 （2）认识在外贸产业链中，营销岗位与其他相关岗位的工作关系 （3）认识跨境电商发展对营销带来的变化	6
市场定位分析	对项目资料中的产品信息、企业优势等进行分析，正确定位目标市场	（1）分析全球市场，开展调研，收集资料，分析环境、市场、政治、经济、人文等要素 （2）结合国际环境与产品，进行市场细分，评估目标客户 （3）找准市场定位，撰写市场调研报告	10
产品与价格策略制定	根据能根据细分市场，制定不同层次价格策略	（1）进行产品的品类规划和结构规划 （2）制定合理的价格体系 （3）撰写价格营销方案	8
营销渠道策略制定	能根据市场、产品、价格分析不同渠道，制定相应的渠道策略	（1）传统渠道营销策略 （2）网络渠道营销策略 （3）撰写渠道营销方案	10
促销策略制定	能根据消费者需求，分析心理，制定促销策略	（1）根据基本销售情况，进行消费者需求分析 （2）分析、比较不同的促销策略 （3）撰写促销策划方案	6
客户服务营销	根据给定的材料，分析售前、售中、售后的服务，开展老客户营销	（1）进行售前、售中、售后服务工作 （2）进行客户分类管理 （3）制定老客户营销计划	6
第三方平台网店营销	利用实训软件，开展网络营销整体方案制定及模拟实施	（1）店铺自主营销活动方案制定 （2）第三方平台活动营销策略实施 （3）新媒体营销策略实施方案	16
营销绩效评估	根据项目材料，利用软件工具，分析数据，评价营销绩效	（1）数据提取及分析 （2）撰写营销绩效分析与评估报告 （3）讨论并撰写营销提升计划	6
营销事故处理及风险防范	根据项目材料，讨论危机处理方法，分析营销风险及防范	（1）讨论、制定营销危机处理方案 （2）分析营销风险及防范措施	4

3.2　课程设计

3.2.1　项目1　认识跨境营销岗位

项目名称	认识跨境营销岗位	学时数	6
学习目标	1. 认识跨境贸易营销岗位的工作范围及要求 2. 认识在外贸产业链中，营销岗位与其他相关岗位的工作关系 3. 认识跨境电商发展对营销活动带来的变化		

学习内容	教学方法和建议
1. 相关岗位工作范围及关系 2. 跨境市场营销的基本概念及原理	本项目设计是以学生对岗位的认知为目的。教师应灵活运用讲授、启发、案例分析、网络视频、在线自学、演绎归纳等多种教学方法与手段，以加强教学的趣味性和生动性。有条件的可以请企业业务骨干讲授工作特点、岗位职责与素质要求

工具与媒体	学生已有基础	教师所需要的执教能力
多媒体教学设备、网络、电脑	已学过外贸基础、国贸实务等知识	能灵活运用讲授、启发、案例分析等方法，调动学生参与讨论的积极性

3.2.2　项目2　市场定位分析

项目名称	市场定位分析	学时数	10
学习目标	1. 明确本项目的任务目标及工作路径 2. 能通过各种途径自主学习新知识 3. 能分析全球市场，开展调研，收集资料，分析环境、市场、政治、经济、人文等要素 4. 结合国际环境与产品，进行市场细分，评估目标客户 5. 找准市场定位，撰写市场调研报告 6. 具有参与意识、团队合作精神与自我评价能力		

学习内容	教学方法和建议
1. 了解市场调研及分析的基本内容及要求 2. 熟悉全球主要跨境贸易市场情况 3. 掌握市场调研报告的撰写方法	本项目设计是以情境模拟教学为载体，使学生通过主动学习、分组讨论、归纳总结、撰写文案或报告。教师应以项目为载体，提供给学生任务工单，教学做一体，灵活运用情境教学、在线自学、演绎归纳及启发等多种教学方法与手段

工具与媒体	学生已有基础	教师所需要的执教能力
多媒体教学设备、网络、电脑、立体化教学资源	已学过外贸基础、国贸实务等知识	能灵活运用讲授、启发、案例分析等方法，调动学生的学习积极性，开展互动式教学

3.2.3　项目3　产品与价格策略制定

项目名称	产品与价格策略制定	学时数	8
学习 目标	1. 明确本项目的任务目标及工作路径 2. 能通过各种途径自主学习新知识 3. 能进行产品的品类规划和结构规划 4. 制定合理的价格体系 5. 能撰写价格营销方案 6. 具有参与意识、团队合作精神与自我评价能力		

学习内容	教学方法和建议
1. 了解产品品类规划要求 2. 了解产品结构规划原则 3. 掌握价格营销策略制定原则、要求及方法	本项目设计是以情境模拟教学为载体，使学生通过主动学习、分组讨论、归纳总结、撰写文案或报告。教师应以项目为载体，提供给学生任务工单，教学做一体，灵活运用情境教学、在线自学、演绎归纳及启发等多种教学方法与手段

工具与媒体	学生已有基础	教师所需要的执教能力
多媒体教学设备、网络、电脑、立体化教学资源	已学过外贸基础、国贸实务等知识	能灵活运用讲授、启发、案例分析等方法，调动学生的学习积极性，开展互动式教学

3.2.4　项目4　营销渠道策略制定

项目名称	营销渠道策略制定	学时数	10
学习 目标	1. 明确本项目的任务目标及工作路径 2. 能通过各种途径自主学习新知识 3. 能正确选择传统、网络营销渠道 4. 能撰写渠道营销方案 5. 具有参与意识、团队合作精神与自我评价能力		

学习内容	教学方法和建议
1. 了解传统营销渠道，及相应的营销方法 2. 掌握互联网营销渠道及相应的营销方法 3. 掌握渠道营销方案的撰写方法	本项目设计是以情境模拟教学为载体，使学生通过主动学习、分组讨论、归纳总结、撰写文案或报告。教师应以项目为载体，提供给学生任务工单，教学做一体，灵活运用情境教学、在线自学、演绎归纳及启发等多种教学方法与手段

工具与媒体	学生已有基础	教师所需要的执教能力
多媒体教学设备、网络、电脑、立体化教学资源	已学过外贸基础、国贸实务等知识	能灵活运用讲授、启发、案例分析等方法，调动学生的学习积极性，开展互动式教学

3.2.5 项目5 促销策略制定

项目名称	促销策略制定	学时数	6
学习目标	1. 明确本项目的任务目标及工作路径 2. 能通过各种途径自主学习新知识 3. 能进行消费者心理分析、需求分析 4. 能选择合适的促销策略 5. 能撰写促销方案 6. 具有参与意识、团队合作精神与自我评价能力		

学习内容	教学方法和建议	
1. 了解消费者基本心理 2. 掌握基本促销方法 3. 掌握促销方案的撰写方法	本项目设计是以情境模拟教学为载体,使学生通过主动学习、分组讨论、归纳总结、撰写文案或报告。教师应以项目为载体,提供给学生任务工单,教学做一体,灵活运用情境教学、在线自学、演绎归纳及启发等多种教学方法与手段	

工具与媒体	学生已有基础	教师所需要的执教能力
多媒体教学设备、网络、电脑、立体化教学资源	已学过外贸基础、国贸实务等知识	能灵活运用讲授、启发、案例分析等方法,调动学生的学习积极性,开展互动式教学

3.2.6 项目6 客户服务营销

项目名称	跨境小批量货物物流业务	学时数	6
学习目标	1. 明确本项目的任务目标及工作路径 2. 能通过各种途径自主学习新知识 3. 能进行售前、售中、售后服务工作 4. 能进行客户分类管理 5. 能制定老客户营销计划 6. 具有参与意识、团队合作精神与自我评价能力		

学习内容	教学方法和建议	
1. 掌握售前、售中、售后服务的不同要求及方法 2. 掌握客户分类管理方法 3. 掌握老客户营销服务主要方法	本项目设计是以情境模拟教学为载体,使学生通过主动学习、分组讨论、归纳总结、撰写文案或报告。教师应以项目为载体,提供给学生任务工单,教学做一体,灵活运用情境教学、在线自学、演绎归纳及启发等多种教学方法与手段	

工具与媒体	学生已有基础	教师所需要的执教能力
多媒体教学设备、网络、电脑、立体化教学资源	已掌握了基本的营销策略及方法	能灵活运用讲授、启发、案例分析等方法,调动学生的学习积极性,开展互动式教学

3.2.7 项目7 第三方平台网店营销

项目名称	第三方平台网店营销	学时数	16
学习目标	1. 明确本项目的任务目标及工作路径 2. 能通过各种途径自主学习新知识 3. 能进行第三方平台店铺的营销活动 4. 能进行新媒体营销活动 5. 具有参与意识、团队合作精神与自我评价能力		

学习内容	教学方法和建议
1. 熟悉主流第三方平台店铺营销免费活动 2. 熟悉主流第三方平台店铺营销付费活动 3. 掌握主要新媒体营销手段	本项目设计是应用实训软件，以情境模拟教学为主，要求学生分组完成虚拟网店的营销活动并撰写分析报告。学生开展主动学习、分组讨论、归纳总结、撰写文案或报告。教师应以项目为载体，提供给学生任务工单，教学做一体，灵活运用情境教学、在线自学、演绎归纳及启发等多种教学方法与手段

工具与媒体	学生已有基础	教师所需要的执教能力
多媒体教学设备、网络、电脑、立体化教学资源、实训软件	已掌握了主要的跨贸营销策略、方法	能灵活运用讲授、启发、案例分析等方法，调动学生的学习积极性，开展互动式教学

3.2.8 项目8 营销绩效评估

项目名称	营销绩效评估	学时数	6
学习目标	1. 明确本项目的任务目标及工作路径 2. 能通过各种途径自主学习新知识 3. 能进行营销数据提取并分析 4. 能撰写营销绩效分析与评估报告 5. 能讨论并撰写营销提升计划 6. 具有参与意识、团队合作精神与自我评价能力		

学习内容	教学方法和建议
1. 掌握营销数据收集、分析方法 2. 掌握营销绩效报告的撰写 3. 了解主要营销改进方法	本项目设计是以情境模拟教学为载体，使学生通过主动学习、分组讨论、归纳总结、撰写文案或报告。教师应以项目为载体，提供给学生任务工单，教学做一体，灵活运用情境教学、在线自学、演绎归纳及启发等多种教学方法与手段

工具与媒体	学生已有基础	教师所需要的执教能力
多媒体教学设备、网络、电脑、立体化教学资源	已掌握了主要的跨贸营销策略、方法	能灵活运用讲授、启发、案例分析等方法，调动学生的学习积极性，开展互动式教学

3.2.9 项目9 营销事故处理及风险防范

项目名称	营销事故处理及风险防范	学时数	4
学习目标	1. 明确本项目的任务目标及工作路径 2. 能通过各种途径自主学习新知识 3. 能进行营销危机公关 4. 能分析营销风险及防范措施 5. 具有参与意识、团队合作精神与自我评价能力		

学习内容	教学方法和建议
1. 了解营销危机处理方法 2. 了解营销活动中的常见风险 3. 了解主要营销风险防范手段	本项目设计是以情境模拟教学为载体,使学生通过主动学习、分组讨论、归纳总结、撰写文案或报告。教师应以项目为载体,提供给学生任务工单,教学做一体,灵活运用情境教学、在线自学、演绎归纳及启发等多种教学方法与手段

工具与媒体	学生已有基础	教师所需要的执教能力
多媒体教学设备、网络、电脑、立体化教学资源	已掌握了主要的跨贸营销策略、方法	能灵活运用讲授、启发、案例分析等方法,调动学生的学习积极性,开展互动式教学

4. 课程实施建议

4.1 教材或教学资源选用

本课程应选用优秀的高职高专教材、实训指导书、辅导教材和其他参考文献资料,结合网络教学资源,满足学生在课前预习、课堂学习、课后复习、课外自学及实验实训等不同阶段的学习及实践需要。有条件的院校还应通过制作课程教学网站来辅助教学。

4.2 教学建议

4.2.1 在教学过程中,应根据学生的实际水平以及教学不同阶段的实际情况,合理安排教学内容,遵循循序渐进的原则。

4.2.2 在教学方法上,以项目教学为主,通过工作任务的设定,引导学生根据职业能力要求来掌握专业技能与专业知识。

4.2.3 引导学生培养良好的动手操作的习惯。

4.2.4 充分运用信息化教学手段,开展线上线下混合教学、"翻转课堂"等方法。

4.3 教学评价

教学评价建议采取过程评价与结果评价相结合,逐步过渡到项目任务考核模式。

4.3.1　突出过程与模块评价，结合出勤、学习态度、课堂表现、模块考核等手段，加强实践性教学环节的考核，并注重平时采分。

4.3.2　重视结果评价时的基础知识和职业能力相结合。

4.3.3　在项目教学逐步深入本课程的教学环节时，考核方法将逐步增加项目任务考核的比例，最终实现全部以项目考核成绩来评定学生课程成绩。

4.4　课程资源的开发与利用

4.4.1　积极利用专业教学软件及相关专业网站的教学资源，拓展学习的渠道，使教学内容从单一化向多元化转变，使学生知识和能力的拓展成为可能。

4.4.2　充分开发挖掘可利用的校内课程资源如图书馆、校园环境、电教设备以及师生经验等，提高教学的生动性、形象性、丰富性。

4.4.3　利用现代信息技术开发课程自主学习软件，搭建起多维、动态、活跃、自主的课程训练平台，使学生的主动性、积极性和创造性得以充分调动。

4.4.4　将本课程知识逐步网络化，扩大知识的传播途径和传播方式，在校园网上建立有利于师生互动、学生自学的多媒体网络技术平台，让学生置身于网络学习平台中，积极自主地完成该课程的学习，为学生提高基本职业能力提供有效途径。

4.5　其他说明

本课程标准也适用于其他国际商务类专业。

二、"跨境采购与跟单"课程标准

课程名称：跨境采购与跟单

课程类别：专业核心课

适用专业：国际商务（跨境电子商务）专业

开课学期：第二学期

参考学时：72

1. 课程定位和课程设计

1.1　课程性质与作用

跨境电商从1.0时代的信息服务模式，发展到2.0时代的延伸与整合供应链模式，再到如今全产业链在线服务的3.0时代，对品牌及产品的重视程度达到了新的高度。为了在激烈的世界贸易市场中立稳脚跟,提供优质的产品是保持竞争力的核心要素之一。基于此,本课程的重要性可见一斑。

"跨境采购与跟单"课程是国际商务(跨境电商)专业的核心课程,是在"互联网＋"外贸认知、国际贸易实务等先修课程的基础上开设的;它的平行课程主要有跨境市场营销、视觉营销实训等;后续课程主要有外贸单证与跨境结算、报检与报关实务、跨境物流与货代等。

通过本课程的学习,学生能根据客户订单要求,协助开发或维护供应商,签订采购合同,跟踪厂家生产进度,保证产品按时保质完成;培养与供应商谈判、降低采购成本的能力;培养诚实守信、踏实认真、团队合作、独立思考等综合职业素养。

1.2　课程教学的基本理念

课程开发遵循现代职业教育指导思想,与行业企业合作进行基于工作过程的课程设计,充分体现职业性、实践性和开放性。本课程立足于外贸企业采购与跟单岗位群的工作要求,以外贸跟单员职业考证为标准,以综合职业能力培养为重点。为了更好地实现这一目标,聘请教育界专家和外贸企业专家组成专业指导委员会,科学合理地制定国际商务(跨境电商)专业的人才培养方案,确定专业培养目标;根据本课程在专业中的地位,确立课程的培养要求,课程的内容及体系由课程组专、兼职教师共同进行开发与设计。

1.3　课程设计思路

步骤一:课程开发团队深入课程所面向的用人单位广泛调研,对岗位的具体工作任务进行剖析,确定典型工作任务及岗位能力要求。

职业岗位	典型工作任务	岗位能力要求
跨境采购、跟单	(1) 岗位认知 (2) 处理外贸订单 (3) 采购计划与预算 (4) 寻找、选择供应商 (5) 常见采购方式应用 (6) 采购合同签订 (7) 样品跟单 (8) 生产跟单 (9) 货物验收	(1) 岗位主要能力及素质要求 (2) 外贸订单审查并转化能力 (3) 打样、选样与寄样能力 (4) 供应商筛选与管理能力 (5) 选择合适的采购方式的能力 (6) 交易磋商与管理合同能力 (7) 打样、选样与寄样能力 (8) 企业生产跟单能力 (9) 按规定验收货物的能力

步骤二:根据职业岗位、工作任务分析归纳,转化为学习领域,构建专业课程体系,设计学习领域的学习情境和各子情境。

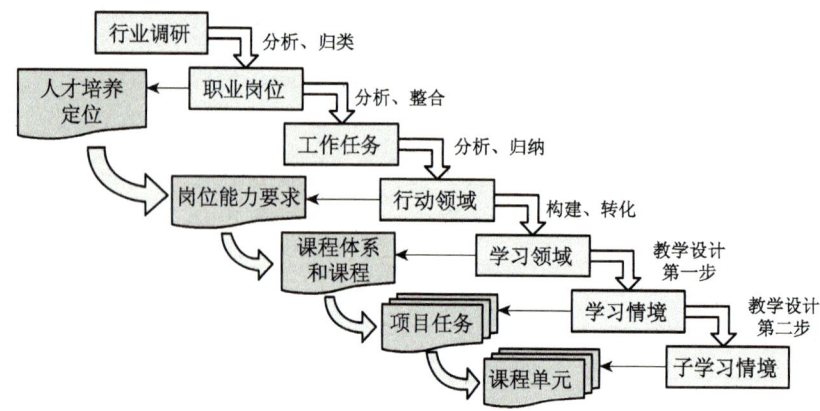

步骤三：以工作任务为载体，设计相应的学习情境，在专业学习中融入通用能力，实现综合职业能力的培养。

序号	学习情境	学习子情境	教学环境
1	岗位认知	认识跨境采购、跟单员的岗位职责	
		认识职业发展及素质要求	
2	处理外贸订单	客户的评审	
		外贸订单的接收	
		外贸订单的转化	
3	采购计划与预算	编制采购计划	
		编制采购预算表	
4	寻找、选择供应商	选厂	
		验厂	
		评估及分类	
5	常见采购方式应用	招标采购	带有多媒体教学设备、投影屏幕或白板；学生最好每人配备电脑，网络环境
		电子采购	
		即时采购	
6	采购合同的签订	采购合同磋商	
		采购合同签订	
		采购合同管理	
7	样品跟单	打样与备样	
		寄样	
8	生产跟单	生产进度跟单	
		产品品质跟单	
		产品包装跟单	
9	货物验收	跟进发货时间	
		验核产品质量	
		质量风险控制处理	

总体来说,课程组根据跨境采购与跟单员的实际工作内容及职业成长路径,并将全国外贸跟单员考试的要求融入具体项目教学中,遵循学生认知规律,采用"整—分—合"的思路,将全程采购与跟单能力训练转化为相对独立的能力训练项目,同时融入通用能力培养。

2. 课程目标

本课程的总目标是采用典型的工作任务为导向的项目教学,配合相应的网络资源,培养国际商务(跨境电商)专业的学生协助开发或维护供应商、签订采购合同、跟踪厂家生产进度、保证产品按时保质完成等能力;同时培养学生诚实守信、踏实认真、团队合作、独立思考等综合职业素养。

2.1　知识目标

(1) 理解跨境采购与跟单员的基本职业素养及知识要求。

(2) 理解选择合格供应商的标准并掌握客户资信调查方法。

(3) 熟悉样品的分类及不同样品的作用。

(4) 熟悉外贸合同及订单的内容并掌握翻译订单的基本技能与方法。

(5) 熟悉采购跟单的基本流程并掌握采购合同的制作要点。

(6) 掌握生产企业生产进度跟单的要点。

(7) 熟悉品质跟单的内容并重点掌握抽样检验中的品质检验方法。

(8) 熟悉包装材料的类型及作用。

(9) 了解外包跟单的意义及基本流程。

2.2　能力目标

(1) 能够根据给定条件选择合格的供应商并撰写资信调查报告。

(2) 能够审查外单并转化成内单。

(3) 能够采用合适的采购方式,签订采购合同。

(4) 能够识别订单要求,协助样品生产,实施样品寄送和样品管理。

(5) 能够制作并审核采购订单,跟进采购过程。

(6) 能够根据生产日报表判断国内工厂生产进程是否异常,并能够提出解决办法。

(7) 能够正确运用 GB2828 正常检验一次抽样方案进行抽样检验,并能正确评价检验结果。

(8) 能够根据给定条件确定包装类型及数量。

(9) 能够有效管理供应商的信息并掌握与之沟通的方法。

2.3 素质目标

（1）在教学做一体中潜移默化培养学生良好的从业道德与职业素养。

（2）在实施项目过程中培养学生创新能力、团队精神和沟通能力。

（3）培养学生具有一定的计划组织和控制协调能力。

（4）培养学生吃苦耐劳、承受必要的抵抗挫折能力及沟通能力。

3. 课程内容与要求

3.1 课程内容

教学项目		子项目	参考学时
项目名称	项目描述		
项目1 跨境采购与跟单岗位认知	理解跨境采购与跟单岗位的基本要求及其发展方向；理解工作策略，掌握商务沟通的基础知识	1-1 认识跨境采购、跟单员的岗位职责 1-2 认识职业发展及素质要求	4
项目2 处理外贸订单	能够识读给定的外贸订单；能够将外贸订单转化为工厂或生产部门的生产订单	2-1 外贸订单的审核 2-2 客户的评审 2-3 外贸订单的转化	12
项目3 采购计划与预算	能根据订单要求编制采购计划及预算表	3-1 编制采购计划 3-2 编制采购预算表	4
项目4 选择合格的供货商	理解选择合格供应商的标准；能够利用互联网工具收集客户信息；根据给定订单选择合格的供应商并撰写资信调查报告	4-1 选厂 4-2 验厂 4-3 评估及分类	8
项目5 应用采购方式	掌握招标采购、电子采购、即时采购的基本要求，并能选择合适的采购方法	5-1 招标采购 5-2 电子采购 5-3 即时采购	6
项目6 签订采购合同	掌握采购交易磋商的主要诀窍，掌握采购合同的主要内容，能根据外贸订单正确制订采购合同，并予以管理	6-1 采购合同磋商 6-2 采购合同签订 6-3 采购合同管理	6
项目7 样品跟单	能够识读外贸订单及客户来函中打样要求；能够协助样品生产，实施样品寄送和样品管理	7-1 打样与备样 7-2 样品跟进与寄样	4

(续表)

教学项目		子项目	参考学时
项目名称	项目描述		
项目 8　生产跟单	能够判断给定产品批合格状况,能够判断产品生产进度是否异常;能够根据给定条件选择合适的包装材料	8-1　生产进度跟单 8-2　生产品质的跟踪 8-3　货物包装的选择	12
项目 9　货物验收	掌握产品验收的基本要求及检验手段,能够跟进发货时间、进行产品验收、控制风险、处理验收中出现的常见问题	9-1　货物运输的跟进 9-2　货品质量的把控 9-3　质量风险处理	4
项目 10　跨境采购与跟单综合操作	让学生能够单独完成一票业务的采购与生产跟单全过程		12

3.2　课程设计

3.2.1　项目1　跨境采购与跟单岗位认知

项目名称	跨境采购与跟单岗位认知	参考学时数	4

学习目标

知识目标	跨境采购与跟单的含义;外贸采购跟单岗位与其他外贸岗位的关系;岗位的工作流程;职业素养;职业生涯规划步骤
专业能力目标	能够识记跨境贸易中,外贸采购与跟单员的职责;能结合已学过的相关专业知识及自身特点进行职业规划设计
方法能力目标	(1)具有较好的学习新知识和新技能的能力 (2)具有制订工作计划的能力和解决实际业务问题的能力 (3)具有获取和使用信息的能力
社会能力目标	(1)具有良好的职业道德 (2)具有良好的沟通、交流以及处理人际关系的能力 (3)诚信品质、敬业精神和责任意识、遵纪守法意识

学习内容		教学方法和建议
N.1	1-1　认知跨境采购、跟单员的岗位职责	小组讨论、分析、发言
N.2	1-2　认知职业发展及素质要求	

工具与媒体	学生已有基础	教师所需要的执教能力
多媒体教学设备	外贸英语、外贸基础知识、国贸实务等	能开展互动式教学

3.2.2 项目2 处理外贸订单

项目名称	处理外贸订单	参考学时数	12
学习目标			
知识目标	外贸订单的表现形式；外贸订单的审核要点；国外客户分析评审方法与内容		
专业能力目标	能够借助工具书翻译给定外贸订单，并能通过网络渠道评审国外客户的资信，并掌握接待客户的技巧		
方法能力目标	（1）具有较好的学习新知识和新技能的能力 （2）具有制订工作计划的能力和解决实际业务问题的能力 （3）具有获取和使用信息的能力		
社会能力目标	（1）具有良好的职业道德 （2）具有良好的沟通、交流以及处理人际关系的能力 （3）诚信品质、敬业精神和责任意识、遵纪守法意识		

学习内容		教学方法和建议
N.1	2-1 外贸订单的审核	
N.2	2-2 客户的评审	项目任务，翻转课堂
N.3	2-3 外贸订单的转化	

工具与媒体	学生已有基础	教师所需要的执教能力
多媒体教学设备、网络、电脑	外贸英语、外贸基础知识、国际贸易实务等	能按照设计的教学项目实施教学，开展引导式、交互式教学

3.2.3 项目3 采购计划与预算

项目名称	采购计划与预算	参考学时数	4
学习目标			
知识目标	采购计划的编制原则及要求；采购预算方法		
专业能力目标	能根据下发的订单要求编制采购计划及预算表		
方法能力目标	（1）具有较好的学习新知识和新技能的能力 （2）具有制订工作计划的能力和解决实际业务问题的能力 （3）具有获取和使用信息的能力		
社会能力目标	（1）具有良好的职业道德 （2）具有良好的沟通、交流以及处理人际关系的能力 （3）诚信品质、敬业精神和责任意识、遵纪守法意识		

学习内容		教学方法和建议
N.1	3-1 编制采购计划	项目任务，翻转课堂
N.2	3-2 编制采购预算表	

（续表）

工具与媒体	学生已有基础	教师所需要的执教能力
多媒体教学设备、网络、电脑	外贸英语、外贸基础知识、国际贸易实务等	能按照设计的教学项目实施教学,开展引导式、交互式教学

3.2.4 项目4 选择合格的供货商

项目名称	选择合格的供货商	参考学时数	8

学习目标

知识目标	选择合格供应商的基本方法;考察一个国内生产企业是否具备接单能力包括的内容
专业能力目标	能根据任务要求,充分应用网络资源等渠道寻找合适的供应商;列出至少5个供应商进行分析,能够从各方面评价资信状况,从总体上判断企业是否具备接单能力;选出最优供应商,撰写资信报告
方法能力目标	(1)具有较好的学习新知识和新技能的能力 (2)具有制订工作计划的能力和解决实际业务问题的能力 (3)具有获取和使用信息的能力
社会能力目标	(1)具有良好的职业道德 (2)具有良好的沟通、交流以及处理人际关系的能力 (3)诚信品质、敬业精神和责任意识、遵纪守法意识

	学习内容	教学方法和建议
N.1	4-1 选厂	项目任务,翻转课堂
N.2	4-2 验厂	
N.3	4-3 评估及分类	

工具与媒体	学生已有基础	教师所需要的执教能力
多媒体教学设备、网络、电脑	外贸英语、外贸基础知识、国际贸易实务等	能按照设计的教学项目实施教学,开展引导式、交互式教学

3.2.5 项目5 应用采购方式

项目名称	应用采购方式	参考学时数	6

学习目标

知识目标	掌握招标采购、电子采购、即时采购的基本要求
专业能力目标	能根据任务要求,分析招标采购、电子采购、即时采购的利弊,选择合适的采购方法

（续表）

学习目标		
方法能力目标	（1）具有较好的学习新知识和新技能的能力 （2）具有制订工作计划的能力和解决实际业务问题的能力 （3）具有获取和使用信息的能力	
社会能力目标	（1）具有良好的职业道德 （2）具有良好的沟通、交流以及处理人际关系的能力 （3）诚信品质、敬业精神和责任意识、遵纪守法意识	

学习内容		教学方法和建议
N.1	5-1　招标采购	
N.2	5-2　电子采购	项目任务，翻转课堂
N.3	5-3　即时采购	

工具与媒体	学生已有基础	教师所需要的执教能力
多媒体教学设备、网络、电脑	外贸英语、外贸基础知识、国际贸易实务等	能按照设计的教学项目实施教学，开展引导式、交互式教学

3.2.6　项目6　签订采购合同

项目名称	签订采购合同	参考学时数	6

学习目标			
知识目标	掌握采购交易磋商的主要诀窍，掌握采购合同的主要内容		
专业能力目标	能根据任务要求，分组进行模拟谈判，并上交谈判记录及采购合同		
方法能力目标	（1）具有较好的学习新知识和新技能的能力 （2）具有制订工作计划的能力和解决实际业务问题的能力 （3）具有获取和使用信息的能力		
社会能力目标	（1）具有良好的职业道德 （2）具有良好的沟通、交流以及处理人际关系的能力 （3）诚信品质、敬业精神和责任意识、遵纪守法意识		

学习内容		教学方法和建议
N.1	6-1　采购合同磋商	
N.2	6-2　采购合同签订	项目任务、翻转课堂
N.3	6-3　采购合同管理	

工具与媒体	学生已有基础	教师所需要的执教能力
多媒体教学设备、网络、电脑	外贸英语、外贸基础知识、国际贸易实务等	能按照设计的教学项目实施教学，开展引导式、交互式教学

3.2.7　项目 7　样品跟单

项目名称	样品跟单		参考学时数	4
学习目标				
知识目标	掌握主要出口商品的基本知识;样品的基本知识;样品跟单的内容及要点			
专业 能力目标	能根据下发任务,分析并列出样品的制作要求,选择合适的寄送方式及收费方法。分组完成并上交样品跟单方案及进度表			
方法 能力目标	(1) 具有较好的学习新知识和新技能的能力 (2) 具有制订工作计划的能力和解决实际业务问题的能力 (3) 具有获取和使用信息的能力			
社会 能力目标	(1) 具有良好的职业道德 (2) 具有良好的沟通、交流以及处理人际关系的能力 (3) 诚信品质、敬业精神和责任意识、遵纪守法意识			

学习内容		教学方法和建议
N.1	7-1　打样与备样	项目任务、翻转课堂
N.2	7-2　样品跟进与寄样	
工具与媒体	**学生已有基础**	**教师所需要的执教能力**
多媒体教学设备、网络、电脑	外贸英语、外贸基础知识、国际贸易实务等	能按照设计的教学项目实施教学,开展引导式、交互式教学

3.2.8　项目 8　生产跟单

项目名称	生产跟单		参考学时数	12
学习目标				
知识目标	掌握生产企业生产进度跟单的要点;熟悉品质跟单的内容并重点掌握抽样检验中的品质检验方法;熟悉包装材料的类型及作用;了解外包跟单的意义及基本流程			
专业 能力目标	能根据下发任务,分析是否可以外包生产,写出理由;跟踪生产进度,计算是否能按期完成生产任务;若不能按期完成,提出解决方案;判断给定产品批合格状况;能够根据给定条件选择合适的包装材料;提交生产跟单工作报告			
方法 能力目标	(1) 具有较好的学习新知识和新技能的能力 (2) 具有制订工作计划的能力和解决实际业务问题的能力 (3) 具有获取和使用信息的能力			
社会 能力目标	(1) 具有良好的职业道德 (2) 具有良好的沟通、交流以及处理人际关系的能力 (3) 诚信品质、敬业精神和责任意识、遵纪守法意识			

（续表）

学习内容		教学方法和建议
N.1	8-1 生产进度跟单	项目任务、翻转课堂
N.2	8-2 生产品质的跟踪	
N.3	8-3 货物包装的选择	

工具与媒体	学生已有基础	教师所需要的执教能力
多媒体教学设备、网络、电脑	外贸英语、外贸基础知识、国际贸易实务等	能按照设计的教学项目实施教学，开展引导式、交互式教学

3.2.9 项目9 货物验收

项目名称	货物验收	参考学时数	4

学习目标	
知识目标	掌握产品验收的基本要求及检验手段；品质缺陷或其他风险的处理方法
专业能力目标	能根据下发任务，跟进发货时间，确保按时到货；进行产品验收；如果不合格，提出正确的处理方法；提交货物验收报告
方法能力目标	（1）具有较好的学习新知识和新技能的能力 （2）具有制订工作计划的能力和解决实际业务问题的能力 （3）具有获取和使用信息的能力
社会能力目标	（1）具有良好的职业道德 （2）具有良好的沟通、交流以及处理人际关系的能力 （3）诚信品质、敬业精神和责任意识、遵纪守法意识

学习内容		教学方法和建议
N.1	9-1 货物运输的跟进	项目任务、翻转课堂
N.2	9-2 货品质量的把控	
N.3	9-3 质量风险处理	

工具与媒体	学生已有基础	教师所需要的执教能力
多媒体教学设备、网络、电脑	外贸英语、外贸基础知识、国际贸易实务等	能按照设计的教学项目实施教学，开展引导式、交互式教学

3.2.10 项目10 跨境采购与跟单综合操作

项目名称	跨境采购与跟单综合操作	参考学时数	12

学习目标	
知识目标	掌握跨境采购与生产跟单的综合操作知识

(续表)

学习目标		
专业能力目标	能根据下发任务,分组完成一整票业务的采购与跟单操作,完成任务工单,提交综合实训报告	
方法能力目标	(1) 具有较好的学习新知识和新技能的能力 (2) 具有制订工作计划的能力和解决实际业务问题的能力 (3) 具有获取和使用信息的能力	
社会能力目标	(1) 具有良好的职业道德 (2) 具有良好的沟通、交流以及处理人际关系的能力 (3) 诚信品质、敬业精神和责任意识、遵纪守法意识	
学习内容		教学方法和建议
N.1	10-1 跨境货物的采购与生产跟单全流程	项目任务、翻转课堂
工具与媒体	学生已有基础	教师所需要的执教能力
多媒体教学设备、网络、电脑	外贸英语、外贸基础知识、国际贸易实务等	能按照设计的教学项目实施教学,开展引导式、交互式教学

4. 课程实施建议

4.1 教材或教学资源选用

本课程应选用优秀的高职高专教材、实训指导书、考证辅导教材和其他参考文献资料,结合网络教学资源,满足学生在课前预习、课堂学习、课后复习、课外自学及实验实训等不同阶段的学习及实践需要。有条件的院校还应通过制作课程教学网站来辅助教学。

4.2 教学建议

4.2.1 在教学过程中,应根据学生的实际水平以及教学不同阶段的实际情况,合理安排教学内容,遵循循序渐进的原则。

4.2.2 在教学方法上,以项目教学为主,通过工作任务的设定,引导学生根据职业能力要求来掌握专业技能与专业知识。

4.2.3 引导学生培养良好的动手操作的习惯。

4.2.4 充分运用信息化教学手段,开展线上线下混合教学、"翻转课堂"等方法。

4.3 教学评价

教学评价建议采取过程评价与结果评价相结合,逐步过渡到项目任务考核模式。

4.3.1　突出过程与模块评价，结合出勤、学习态度、课堂表现、模块考核等手段，加强实践性教学环节的考核，并注重平时采分。

4.3.2　重视结果评价时的基础知识和职业能力相结合。

4.3.3　在项目教学逐步深入本课程的教学环节时，考核方法将逐步增加项目任务考核的比例，最终实现全部以项目考核成绩来评定学生课程成绩。

4.4　课程资源的开发与利用

4.4.1　积极利用专业教学软件及相关专业网站的教学资源，拓展学习的渠道，使教学内容从单一化向多元化转变，使学生知识和能力的拓展成为可能。

4.4.2　充分开发挖掘可利用的校内课程资源如图书馆、校园环境、电教设备以及师生经验等，提高教学的生动性、形象性、丰富性。

4.4.3　利用现代信息技术开发课程自主学习软件，搭建起多维、动态、活跃、自主的课程训练平台，使学生的主动性、积极性和创造性得以充分调动。

4.4.4　将本课程知识逐步网络化，扩大知识的传播途径和传播方式，在校园网上建立有利于师生互动、学生自学的多媒体网络技术平台，让学生置身于网络学习平台中，积极自主地完成该课程的学习，为学生提高基本职业能力提供有效途径。

4.5　其他说明

本课程标准也适用于其他国际商务类专业。

三、"跨境电商运营实务"课程标准

课程名称：跨境电商运营实务

课程类别：专业核心课

适用专业：国际商务（跨境电子商务）专业

开课学期：第四学期

学时：72

1. 课程定位和课程设计

1.1　课程性质与作用

本课程旨在培养熟悉主流跨境第三方操作平台规则，具备在第三方平台注册开店、运营推广等业务能力。

本课程以工作过程的项目任务为主线,以提高学生职业能力为核心,要求学生能选择合适的第三方平台,进行店铺注册,能设计合理的跨境物流方案,能选择国际支付方式,能进行市场选品、发布商品、推广商品等业务。

本课程是在跨境市场营销、跨境采购跟单、跨境物流与货代、报检与报关实务、外贸单证与跨境结算等先行课的基础上开设的,学生已掌握了跨境贸易的基本业务流程、知识与技能等,为本课程的学习打下良好基础;其平行课程有跨境电商英语、跨境市场推广实训等课程;后续课程有跨境电商综合实训、外贸综合实训等课程。课程体系以工作过程为导向按序进行,理实一体,工学交替,既使学生掌握本课程的基本内容,也帮助学生深刻理解整个跨境贸易的业务操作。

1.2 课程基本理念

本课程依托校企合作,进行基于真实工作过程的课程开发设计理念。始终围绕跨境电商运营专员职业岗位要求和职业证书的需要,以职业能力培养为重点,以第三方店铺运营工作实践过程为主线,以阿里巴巴人才认证为辅助,与行业企业充分合作进行课程设计与开发。

高度重视学生职业能力与职业素质的培养,以岗位职业标准和考证要求为依据设计整体教学内容;教学组织以学生为主体,以项目为载体,紧密结合跨境电商运营业务实际工作,科学合理地设计每一个教学环节;充分利用校内教学资源和校外实训基地,灵活运用各种教学方法和手段,将课堂教学、课内虚拟实训、课外真实业务实践教学有机结合,融"教、学、做"为一体,充分体现课程的系统性、职业性、实践性和开放性特点,大力提高学生的实践动手能力,增强毕业生的就业竞争能力。

1.3 课程设计思路

本课程针对跨境电商运营专员的岗位需求开设,以工作岗位为导向,以工作项目为载体,以教学实践为途径,以校企共育为纽带,同时融入阿里巴巴企业人才认证标准,实现知识、能力和职业素养的有效融合。

本课程的设计主要考虑到企业实际,基于工作过程为导向来设计的;另外,还考虑到学生的需要、学生的现有基础来设计课程,体现以学生为本的宗旨。建议利用信息化教学资源库,以学生自主学习为主,采用"翻转课堂"、教师教学为辅的模式。此外,建议采用实训软件,有条件的院校可注册真实店铺,强调"教学做一体"。

1.3.1　由学校教师和企业专家共同分析职业能力、岗位职责，同时听取实习学生、毕业学生的意见和建议，制定课程标准，设计工作项目。

1.3.2　成立校企合作教学团队，校内教师和企业带教老师共同完成教学任务。

1.3.3　采用多样化的教学方法和手段，因材施教。

1.3.4　通过合理有效的考核体系，全方位评价学习结果。

2. 课程目标

本课程具有实践性、开放性的特点，既注重培养学生的职业技能，又注重培养学生的职业素养。课程目标可分解为知识目标、能力目标和素质目标。

2.1　知识目标

（1）理解跨境电商贸易的基本业务流程。

（2）熟悉第三方平台店铺运营管理基本流程。

（3）掌握主流第三方平台基本规则和相关规定。

（4）掌握站内、站外选品的基本要求。

（5）理解商品品类规划和结构规划的含义及要求。

（6）掌握商品发布的主要步骤和基本要求。

（7）掌握商品价格与成本核算方法。

（8）掌握主流第三方平台的运营推广工具及方法。

2.2　能力目标

（1）能分析并选择合适的第三方平台。

（2）能进行第三方平台的注册、运费及物流模板设置。

（3）能进行站内选品、站外选品。

（4）能根据店铺定位合理规划商品品类及结构。

（5）能对商品进行英文翻译、标题设计、主图设计等数字化基本处理。

（6）能按条件对商品进行价格与成本核算。

（7）能灵活运用平台营销工具组合推广产品。

（8）能进行平台外部推广操作。

（9）能科学运用数据工具，对推广效果进行分析比较。

（10）能根据推广反馈效果，修正、优化方案。

（11）能进行订单处理、发货并做好售后服务。

2.3 素质目标

(1)培养学生互帮互助的合作意识,使学生在实际工作过程中能充分发挥团队合作精神。

(2)具备跨境贸易从业人员要求的基本素养,培养学生严谨、耐心、负责的工作态度,以及强烈的服务意识。

(3)培养学生良好的语言表达、人际沟通及协调的能力。

(4)培养学生较强的独立思考、理解分析能力,具备较好的可持续发展能力。

3. 课程内容与要求

3.1 课程内容

本课程采用以项目为导向,实施任务驱动;将理论与实践、仿真与全真相结合;教学过程以学生为主体,重点突出职业能力的培养。

教学项目		子项目	参考学时
项目名称	项目描述		
认识跨境电商运营岗位	对本岗位工作及职业要求的基本认知	(1)掌握跨境贸易业务流程 (2)熟悉跨境电商业务分类及运作模式 (3)熟悉跨境电商主流平台 (4)认识跨境电商运营岗位的工作范围及要求 (5)认识在跨境贸易产业链中,运营岗位与其他相关岗位的工作关系	8
选择平台,注册网店	以模拟软件为载体,在第三方平台上注册店铺	(1)主流第三方平台规则认知 (2)店铺注册 (3)开通国际支付方式	6
选择跨境物流方式	设计物流方案,设置运费模板	(1)选择物流方式,设计物流方案 (2)进行物流运费模板设置 (3)根据产品信息计算运费 (4)填制面单并跟踪物流信息	8
市场选品	根据店铺定位选择合适商品	(1)站内选品 (2)站外选品 (3)商品品类及结构规划	8
发布商品	对商品进行数据化处理并上架发布	(1)用英文进行正确的商品描述 (2)设计商品标题 (3)进行主图设计	16

（续表）

教学项目		子项目	参考学时
项目名称	项目描述		
		(4) 进行文案编辑 (5) 能按给定条件进行商品报价及成本核算 (6) 设置付款模板 (7) 产品上架操作	
产品推广	主流平台的推广及站外推广	(1) 应用平台免费营销工具进行推广 (2) 选择平台付费营销工具进行推广 (3) 平台外部推广操作 (4) 对客户进行分类推广 (5) 运用数据工具，对推广效果进行比较分析 (6) 根据推广反馈效果，修正推广方案	16
出货	订单处理及发货跟踪	(1) 根据订单选择发货形式 (2) 对货物进行合理包装 (3) 填写出货单据，跟踪货物流向	4
客户服务	售后客服及纠纷处理	(1) 售后服务 (2) 分析客户类型及纠纷原因 (3) 制定应对对策 (4) 按步骤处理投诉或索赔事项	6

3.2　课程设计

3.2.1　项目1　认识跨境电商运营岗位

项目名称	认识跨境电商运营岗位	学时数	8
学习目标	1. 掌握跨境贸易业务流程 2. 熟悉跨境电商业务分类及运作模式 3. 熟悉跨境电商主流平台 4. 认识跨境电商运营岗位的工作范围及要求 5. 认识在跨境贸易产业链中，运营岗位与其他相关岗位的工作关系		

学习内容	教学方法和建议
1. 跨境贸易业务流程、类型及运作模式 2. 跨境电商主流平台介绍 3. 跨境电商运营岗位相关要求	本项目设计是以学生对岗位的认知为目的。教师应灵活运用讲授、启发、案例分析、网络视频、在线自学、演绎归纳等多种教学方法与手段，以加强教学的趣味性和生动性。有条件的可以带领学生实地参观，请企业业务骨干现场讲授工作特点、岗位职责与素质要求

（续表）

工具与媒体	学生已有基础	教师所需要的执教能力
多媒体教学设备	掌握了跨境贸易基本业务流程	能灵活运用讲授、启发、案例分析等方法,调动学生参与讨论的积极性

3.2.2　项目2　选择平台,注册网店

项目名称	选择平台,注册网店	学时数	6
学习目标	1. 明确本项目的任务目标及工作路径 2. 能通过各种途径自主学习新知识 3. 认知主流第三方平台规则 4. 能进行店铺注册 5. 能开通国际支付方式 6. 具有参与意识、团队合作精神与自我评价能力		

学习内容	教学方法和建议
1. 跨境电商平台规则 2. 店铺注册流程及认证操作 3. 国际支付方式开通	1. 安排学生提前学习网络课程资源 2. 要求学生登录主流平台,通过平台提供的学习视频等相关资料,自学平台规则 3. 要求学生通过实训软件模拟店铺注册 4. 根据学生学习情况,选择性进行 WISH 平台店铺注册的实战学习 5. 学生自主学习、自主操作为主,教师辅教、指导、总结

工具与媒体	学生已有基础	教师所需要的执教能力
多媒体、实训软件、立体化网络教学资源	掌握了跨境贸易基本业务流程	能按照设计的教学项目实施教学,开展引导式、交互式教学

3.2.3　选择跨境物流方式

项目名称	选择跨境物流方式	学时数	8
学习目标	1. 明确本项目的任务目标及工作路径 2. 能通过各种途径自主学习新知识 3. 能选择物流方式,设计物流方案 4. 能填制面单并跟踪物流信息 5. 具有参与意识、团队合作精神与自我评价能力		

学习内容	教学方法和建议
1. 跨境物流主要方式及各自特点	1. 安排学生提前学习网络课程资源 2. 选择某第三方平台,要求学生对至少 5 个品类产品进行

（续表）

学习内容	教学方法和建议
2. 海外仓的运作流程 3. 物流运费计算方式 4. 运费模板设置及操作	跨境物流运费及物流选择 3. 计算并比较跨境小包、国际快递、专线物流、海外仓集货物流等模式下的物流运费 4. 要求学生通过实训软件模拟运费模板及操作 5. 有条件的院校可以选择性安排学生在真实店铺中进行操作 6. 学生自主学习、自主操作为主，教师辅教、指导、总结

工具与媒体	学生已有基础	教师所需要的执教能力
多媒体、电脑、网络、实训软件、立体化网络教学资源	掌握了跨境贸易基本业务流程	能按照设计的教学项目实施教学，开展引导式、交互式教学

3.2.4　项目 4　市场选品

项目名称	市场选品		学时数	8
学习目标	1. 明确本项目的任务目标及工作路径 2. 能通过各种途径自主学习新知识 3. 能进行站内、站外选品 4. 能分析商品品类及结构规划 5. 具有参与意识、团队合作精神与自我评价能力			

学习内容	教学方法和建议
1. 跨境电商产品的特点和选择标准 2. 速卖通选品规则 3. 其他第三方平台选品规则 4. 站外选品方式 5. 商品品类规划及结构规划	1. 安排学生提前学习网络课程资源 2. 调研速卖通平台产品品类、产品标题描述和详细描述，形成报告 3. 运用速卖通店铺后台数据对某类产品进行行业分析，形成分析报告 4. 从 1688、淘宝等平台选择产品，并进行比较分析 5. 利用实训软件安排学生在虚拟网店中完成选品，进行品类规划和结构规划 6. 有条件的院校可以选择性安排学生在真实店铺中进行操作 7. 学生自主学习、自主操作为主，教师辅教、指导、总结

工具与媒体	学生已有基础	教师所需要的执教能力
多媒体、电脑、网络、实训软件、立体化网络教学资源	掌握了跨境贸易基本业务流程	能按照设计的教学项目实施教学，开展引导式、交互式教学

3.2.5　项目 5　发布商品

项目名称	发布商品	学时数	16

学习 目标	1. 明确本项目的任务目标及工作路径 2. 能通过各种途径自主学习新知识 3. 能进行商品数字化处理并上架发布 4. 具有参与意识、团队合作精神与自我评价能力

学习内容	教学方法和建议
1. 用英文进行商品描述 2. 设计商品标题 3. 产品主图设计 4. 商品文案编辑 5. 产品成本与价格核算 6. 产品上架操作	1. 安排学生提前学习网络课程资源 2. 选择某类商品,要求学生进行商品数字化设计与处理 3. 利用模拟软件计算上架价格、销售价格 4. 利用实训软件完成上架工作 5. 有条件的院校可以选择性安排学生在真实店铺中进行操作 6. 学生自主学习、自主操作为主,教师辅教、指导、总结

工具与媒体	学生已有基础	教师所需要的执教能力
多媒体、电脑、网络、实训软件、立体化网络教学资源	掌握了跨境贸易基本业务流程	能按照设计的教学项目实施教学,开展引导式、交互式教学

3.2.6　项目 6　产品推广

项目名称	产品推广	学时数	16

学习 目标	1. 明确本项目的任务目标及工作路径 2. 能通过各种途径自主学习新知识 3. 能进行主流平台的站内外推广 4. 能运用工具对推广效果进行分析,并予以优化 5. 具有参与意识、团队合作精神与自我评价能力

学习内容	教学方法和建议
1. 掌握速卖通店铺后台使用规则 2. 理解曝光量、浏览量、访客数、询盘数、订单数、成交转化率等含义 3. 掌握速卖通营销推广的一般手段 4. 熟悉站外营销推广的一般手段和方法	1. 安排学生提前学习网络课程资源 2. 选择速卖通平台的某类商品,对其推广策略分组讨论并提出推广方案 3. 利用模拟软件完成虚拟店铺的推广 4. 有条件的院校可以选择性安排学生在真实店铺中进行操作 5. 学生自主学习、自主操作为主,教师辅教、指导、总结

（续表）

工具与媒体	学生已有基础	教师所需要的执教能力
多媒体、电脑、网络、实训软件、立体化网络教学资源	掌握了跨境贸易基本业务流程	能按照设计的教学项目实施教学，开展引导式、交互式教学

3.2.7　项目7　出货

项目名称	出货		学时数	4
学习目标	1. 明确本项目的任务目标及工作路径 2. 能通过各种途径自主学习新知识 3. 能根据订单选择发货形式 4. 对货物进行合理包装 5. 填写出货单据，跟踪货物流向			

学习内容	教学方法和建议
1. 掌握常见英文函电交流模板及用语 2. 熟悉电商物流选择、产品包装及发货操作流程 3. 掌握主流平台发货规则	1. 安排学生提前学习网络课程资源 2. 利用模拟软件处理订单、拟写函电、进行发货处理 3. 有条件的院校可以选择性安排学生在真实店铺中进行操作 4. 学生自主学习、自主操作为主，教师辅教、指导、总结

工具与媒体	学生已有基础	教师所需要的执教能力
多媒体、电脑、网络、实训软件、立体化网络教学资源	掌握了跨境贸易基本业务流程	能按照设计的教学项目实施教学，开展引导式、交互式教学

3.2.8　项目8　客户服务

项目名称	客户服务		学时数	6
学习目标	1. 明确本项目的任务目标及工作路径 2. 能通过各种途径自主学习新知识 3. 能做好售后服务 4. 能分析客户类型及纠纷原因 5. 能制定应对对策 6. 能按步骤处理投诉或索赔事项			

学习内容	教学方法和建议
1. 掌握主流平台收款规则、售后评价规则、售后纠纷处理规则 2. 熟悉主流平台评价三大指标及平台处罚方式 3. 掌握客户维护、纠纷处理等基本方法	1. 安排学生提前学习网络课程资源 2. 利用模拟软件处理售后、退换货服务 3. 利用案例讨论维护客户、做好客户服务的方法与措施 4. 学生自主学习、自主操作为主，教师辅教、指导、总结

（续表）

工具与媒体	学生已有基础	教师所需要的执教能力
多媒体、电脑、网络、实训软件、立体化网络教学资源	掌握了跨境贸易基本业务流程	能按照设计的教学项目实施教学,开展引导式、交互式教学

4. 课程实施建议

4.1　教材或教学资源选用

本课程应选用优秀的高职高专教材、实训指导书、考证辅导教材和其他参考文献资料,结合网络教学资源,满足学生在课前预习、课堂学习、课后复习、课外自学及实验实训等不同阶段的学习及实践需要。有条件的院校还应通过制作课程教学网站来辅助教学。

4.2　教学建议

4.2.1　在教学过程中,应根据学生的实际水平以及教学不同阶段的实际情况,合理安排教学内容,遵循循序渐进的原则。

4.2.2　在教学方法上,以项目教学为主,通过工作任务的设定,引导学生根据职业能力要求来掌握专业技能与专业知识。

4.2.3　引导学生培养良好的动手操作的习惯。

4.2.4　充分运用信息化教学手段,开展线上线下混合教学、"翻转课堂"等方法。

4.3　教学评价

教学评价建议采取过程评价与结果评价相结合,逐步过渡到项目任务考核模式。

4.3.1　突出过程与模块评价,结合出勤、学习态度、课堂表现、模块考核等手段,加强实践性教学环节的考核,并注重平时采分。

4.3.2　重视结果评价时的基础知识和职业能力相结合。

4.3.3　在项目教学逐步深入本课程的教学环节时,考核方法将逐步增加项目任务考核的比例,最终实现全部以项目考核成绩来评定学生课程成绩。

4.4　课程资源的开发与利用

4.4.1　积极利用专业教学软件及相关专业网站的教学资源,拓展学习的渠道,使教学内容从单一化向多元化转变,使学生知识和能力的拓展成为可能。

4.4.2　充分开发挖掘可利用的校内课程资源如图书馆、校园环境、电教设备以及师生经验等，提高教学的生动性、形象性、丰富性。

4.4.3　利用现代信息技术开发课程自主学习软件，搭建起多维、动态、活跃、自主的课程训练平台，使学生的主动性、积极性和创造性得以充分调动。

4.4.4　将本课程知识逐步网络化，扩大知识的传播途径和传播方式，在校园网上建立有利于师生互动、学生自学的多媒体网络技术平台，让学生置身于网络学习平台中，积极自主地完成该课程的学习，为学生提高基本职业能力提供有效途径。

4.5　其他说明

本课程标准也适用于其他国际商务类专业。

四、"跨境物流与货代"课程标准

课程名称：跨境物流与货代

课程类别：专业核心课

适用专业：国际商务(跨境电子商务)专业

开课学期：第三学期

学时：72

1. 课程定位和课程设计

1.1　课程性质与作用

本课程是国际商务(跨境电子商务)专业的核心课程，具体学习企业在完成订单签约后，如何办理跨境运输，实现货物从生产者到消费者的跨境转移。伴随着跨境电商的发展，国际货物运输既包括传统的大批量集装箱运输，也包含了小批量、碎片化运输。如何做好物流运输环节，确保货物能安全、快捷、高效地送达收货人手中，是外贸企业提高竞争力的关键之一，因此也凸显了本课程的重要性。

本课程是在国际贸易实务、跨境市场营销、跨境采购跟单等先行课的基础上开设的，学生已掌握了线上线下贸易的基本业务流程，为本课程的学习打下良好基础；其平行课程有报检与报关实务、外贸单证与跨境结算、跨境电商英语等课程;后续课程有跨境电商运营实务及相应的实训课等。课程体系以工作过程为导向按序进行,既使学生掌握本课程的基本内容,也帮助学生深刻理解整个跨境贸易的业务操作。

1.2 课程基本理念

本课程依托校企合作,进行基于真实工作过程的课程开发设计理念。以职业能力培养为重点,以国际物流工作实践过程为主线,与行业企业充分合作进行课程设计与开发。

高度重视学生职业能力与职业素质的培养,以岗位职业标准为依据设计整体教学内容;教学组织以学生为主体,以项目为载体,紧密结合实际,科学合理地设计教学环节;充分利用校内教学资源和校外实训基地,灵活运用各种教学方法和手段,同时融"教、学、做"为一体,充分体现课程的系统性、职业性、实践性和开放性特点。

1.3 课程设计思路

本课程围绕跨境电商、外贸综合服务、大型外贸公司等外贸企业的物流专员、仓管储配专员等岗位要求,以工作项目为载体,以教学实践为途径,以校企共育为纽带,实现知识、能力和职业素养的有效融合。

本课程的设计主要是考虑到企业实际,基于工作过程为导向来设计的;另外,还考虑到学生的需要、学生的现有基础来设计课程,体现以学生为本的宗旨。建议利用信息化教学资源库,以学生自主学习为主,采用"翻转课堂"、教师教学为辅的模式,强调"教、学、做一体"。

1.3.1 由学校教师和企业专家共同分析职业能力、岗位职责,同时听取实习学生、毕业学生的意见和建议,制定课程标准,设计工作项目。

1.3.2 成立校企合作教学团队,校内老师和企业带教老师共同完成教学任务。

1.3.3 采用多样化的教学方法和手段,因材施教。

1.3.4 通过合理有效的考核体系,全方位评价学习结果。

2. 课程目标

本课程具有实践性、开放性的特点,既注重培养学生的职业技能,又注重培养学生的职业素养。课程目标可分解为知识目标、能力目标和素质目标。

2.1 知识目标

(1) 理解国际物流与国际货运代理的各自含义及相互关联。

（2）理解国际物流与国际货运代理企业的经营范围、服务对象及权利责任。

（3）熟悉各种运输方式的特点及适用情况。

（4）熟悉主要的国际贸易口岸及交通运输枢纽。

（5）掌握国际海上运输方式的业务流程及基本操作。

（6）掌握国际航空运输方式的业务流程及基本操作。

（7）掌握国际陆路运输方式的业务流程及基本操作。

（8）掌握国际多式联运方式的业务流程及基本操作。

（9）掌握小批量货物的跨境物流方式的种类及基本操作。

（10）掌握国际物流保税仓、海外仓等业务流程及基本操作。

2.2 能力目标

（1）能辨析合同运输条款的具体要求。

（2）能选择正确的运输方式，确定正确的启运数量。

（3）能查询运输的最新价格，提出货代公司的选择建议。

（4）能协助办理货物托运的相关手续。

（5）能跟踪货物运输进度，并及时提供相关信息。

（6）能按要求提供或缮制相关运输单据给货运代理。

（7）能根据海关等机构的相关规定，正确办理保税仓入、出库手续。

（8）能进行海外仓的基本物流操作及物流跟踪。

2.3 素质目标

（1）培养学生互帮互助的合作意识，使学生在实际工作过程中能充分发挥团队合作精神。

（2）具备跨境贸易从业人员要求的基本素养，培养学生严谨、耐心、负责的工作态度，以及强烈的服务意识。

（3）培养学生良好的语言表达、人际沟通及协调的能力。

（4）培养学生较强的独立思考、理解分析能力，具备较好的可持续发展能力。

3. 课程内容与要求

3.1 课程内容

本课程采用以项目为导向，实施任务驱动；理论与实践相结合；教学过程以学生为主体，重点突出职业能力的培养。

教学项目		子项目	参考学时
项目名称	项目描述		
认识跨境物流岗位	对本岗位工作及职业要求的基本认知	(1) 认识跨境贸易物流岗位的工作范围及要求 (2) 国际物流及国际货运代理的发展关系 (3) 认识在外贸产业链中,物流岗位与其他相关岗位的工作关系	6
国际海上货运代理业务	能进行国际海上货运代理及国际租船货运代理业务操作	(1) 国际海上集装箱货运代理业务 (2) 国际租船货运代理业务	16
国际航空货运代理业务	能办理国际空运代理业务,提供相关单证并核算运费	(1) 国际航空货运进出口代理业务流程 (2) 缮制国际航空货运单证 (3) 计算国际航空货运运费	10
国际陆路货运代理业务	能办理国际铁路及公路货运代理业务	(1) 办理国际铁路货运代理业务 (2) 办理国际公路货运代理业务	6
国际多式联运代理业务	能办理国际多式联运业务,提供相关单证并核算运费	(1) 办理国际多式联运代理业务流程 (2) 国际多式联运单证的缮制 (3) 国际多式联运运费的计算	8
跨境小批量货物物流业务	能选择合适的物流方式并予以办理	(1) 邮政物流操作 (2) 商业快递操作 (3) 专线物流操作	8
保税仓与海外仓业务	能进行保税仓的出入库操作及海外仓运作	(1) 保税仓出入库 (2) 海外仓集货物流	10
国际物流业务风险防范与事故处理	对货运事故进行风险防范,处理索赔事宜	(1) 国际物流运输中的风险防范 (2) 国际货运事故的认定与处理 (3) 跨境电商物流常见事故的处理	8

3.2　课程设计

3.2.1　项目1　认识跨境物流岗位

项目名称	认识跨境物流岗位	学时数	6
学习目标	1. 认识跨境贸易物流岗位的工作范围及要求 2. 厘清国际物流及国际货运代理的发展关系 3. 认识在外贸产业链中,物流岗位与其他相关岗位的工作关系		

（续表）

学习内容	教学方法和建议
1. 相关岗位工作范围及关系 2. 国际货代等物流服务商的概念、法律责任及权利义务	本项目设计是以学生对岗位的认知为目的。教师应灵活运用讲授、启发、案例分析、网络视频、在线自学、演绎归纳等多种教学方法与手段，以加强教学的趣味性和生动性。有条件的可以带领学生实地参观，请企业业务骨干现场讲授工作特点、岗位职责与素质要求

工具与媒体	学生已有基础	教师所需要的执教能力
多媒体教学设备、网络、电脑	已学过外贸基础、国贸实务等知识	能灵活运用讲授、启发、案例分析等方法，调动学生参与讨论的积极性

3.2.2 项目2 国际海上货运代理业务

项目名称	国际海上货运代理业务	学时数	16

学习目标	1. 明确本项目的任务目标及工作路径 2. 能通过各种途径自主学习新知识 3. 能进行海上集装箱运输、租船运输的进出口货代业务操作 4. 具有参与意识、团队合作精神与自我评价能力

学习内容	教学方法和建议
1. 了解国际海上货运的有关基础知识 2. 熟悉集装箱班轮运输和租船货物运输的货代业务流程 3. 掌握物流运输单证的缮制及费用计算	本项目设计是以情境模拟教学为载体，使学生通过主动学习，归纳并总结主要流程的特点。教师应以项目为载体，提供给学生任务工单，教学做一体，灵活运用情境教学、在线自学、演绎归纳及启发等多种教学方法与手段

工具与媒体	学生已有基础	教师所需要的执教能力
多媒体教学设备、网络、电脑、实训软件、立体化教学资源	已学过外贸基础、国贸实务等知识	能灵活运用讲授、启发、案例分析等方法，调动学生的学习积极性，开展互动式教学

3.2.3 项目3 国际航空货运代理业务

项目名称	国际航空货运代理业务	学时数	10

学习目标	1. 明确本项目的任务目标及工作路径 2. 能通过各种途径自主学习新知识 3. 能办理国际航空货运进出口代理业务 4. 能正确缮制相关单证 5. 能准确计算国际航空货运运费 6. 具有参与意识、团队合作精神与自我评价能力

（续表）

学习内容	教学方法和建议
1. 了解国际航空货运的基础知识 2. 熟悉国际航空货运进出口代理业务流程 3. 掌握国际航空货运单证的缮制 4. 熟悉国际航空运价与运费的计算	本项目设计是以情境模拟教学为载体,使学生通过主动学习,归纳并总结主要流程的特点。教师应以项目为载体,提供给学生任务工单,教学做一体,灵活运用情境教学、在线自学、演绎归纳及启发等多种教学方法与手段

工具与媒体	学生已有基础	教师所需要的执教能力
多媒体教学设备、网络、电脑、实训软件、立体化教学资源	已学过外贸基础、国贸实务等知识	能灵活运用讲授、启发、案例分析等方法,调动学生的学习积极性,开展互动式教学

3.2.4　项目4　国际陆路货运代理业务

项目名称	国际陆路货运代理业务	学时数	6
学习目标	1. 明确本项目的任务目标及工作路径 2. 能通过各种途径自主学习新知识 3. 能熟练操作国际铁路货运代理业务流程 4. 能熟练操作国际公路货运代理业务流程 5. 具有参与意识、团队合作精神与自我评价能力		

学习内容	教学方法和建议
1. 了解国际铁路及公路货运的基础知识 2. 掌握国际铁路货运业务流程与操作 3. 掌握国际公路货运业务流程与操作	本项目设计是以情境模拟教学为载体,使学生通过主动学习,归纳并总结主要流程的特点。教师应以项目为载体,提供给学生任务工单,教学做一体,灵活运用情境教学、在线自学、演绎归纳及启发等多种教学方法与手段

工具与媒体	学生已有基础	教师所需要的执教能力
多媒体教学设备、网络、电脑、实训软件、立体化教学资源	已学过外贸基础、国贸实务等知识	能灵活运用讲授、启发、案例分析等方法,调动学生的学习积极性,开展互动式教学

3.2.5　项目5　国际多式联运代理业务

项目名称	国际多式联运代理业务	学时数	8
学习目标	1. 明确本项目的任务目标及工作路径 2. 能通过各种途径自主学习新知识 3. 能进行国际多式联运代理业务操作 4. 能正确缮制并签发国际多式联运单证 5. 计算国际多式联运运费 6. 具有参与意识、团队合作精神与自我评价能力		

（续表）

学习内容	教学方法和建议
1. 了解国际多式联运、陆桥运输和OCP运输的概念及区别 2. 熟悉国际多式联运代理的运作流程 3. 掌握国际多式联运单证的缮制 4. 掌握国际多式联运运费的计算	本项目设计是以情境模拟教学为载体，使学生通过主动学习，归纳并总结主要流程的特点。教师应以项目为载体，灵活运用情境教学、在线自学、演绎归纳及启发等多种教学方法与手段

工具与媒体	学生已有基础	教师所需要的执教能力
多媒体教学设备、网络、电脑、实训软件、立体化教学资源	已学过外贸基础、国贸实务等知识	能灵活运用讲授、启发、案例分析等方法，调动学生的学习积极性，开展互动式教学

3.2.6　项目6　跨境小批量货物物流业务

项目名称	跨境小批量货物物流业务	学时数	8
学习目标	1. 明确本项目的任务目标及工作路径 2. 能通过各种途径自主学习新知识 3. 能在邮政物流、商业快递、专线物流中选择合适的物流方式 4. 能进行线上物流运费模板设置，开展线上发货操作及跟踪 5. 具有参与意识、团队合作精神与自我评价能力		

学习内容	教学方法和建议
1. 熟悉邮政物流、商业快递、专线物流的主要面向市场及特点 2. 掌握物流模板设置的要求 3. 掌握线上发货及跟踪的要点	1. 邮政物流、商业快递、专线物流的主要面向市场及特点——讲授、案例教学法、归纳 2. 物流模板设置及线上发货——翻转课堂，利用实训软件为载体，要求学生自主完成，教师从旁辅助

工具与媒体	学生已有基础	教师所需要的执教能力
多媒体教学设备、网络、电脑、立体化教学资源、实训软件	已掌握了传统物流模式及基本操作	能灵活运用讲授、启发、案例分析等方法，调动学生的学习积极性，开展互动式教学

3.2.7　项目7　保税仓与海外仓业务

项目名称	保税仓与海外仓业务	学时数	10
学习目标	1. 明确本项目的任务目标及工作路径 2. 能通过各种途径自主学习新知识 3. 能进行保税仓的出入库操作 4. 能进行海外仓集货物流运费模板设置，开展线上发货操作及跟踪 5. 具有参与意识、团队合作精神与自我评价能力		

（续表）

学习内容	教学方法和建议
1. 熟悉保税仓的入库、出库相关规定及海关政策 2. 掌握海外仓的运作模式及特点 3. 掌握海外仓集货物流操作	1. 熟悉保税仓的入库、出库相关规定及海关政策——讲授、案例教学法、归纳 2. 海外仓的运作模式及特点——翻转课堂、案例分析、师生讨论、归纳 3. 海外仓集货物流操作——翻转课堂，利用实训软件为载体，要求学生自主完成，教师从旁辅助

工具与媒体	学生已有基础	教师所需要的执教能力
多媒体教学设备、网络、电脑、立体化教学资源、实训软件	已掌握了主要物流模式及基本操作	能灵活运用讲授、启发、案例分析等方法，调动学生的学习积极性，开展互动式教学

3.2.8　项目8　国际物流业务风险防范与事故处理

项目名称	国际物流业务风险防范与事故处理	学时数	8
学习目标	1. 明确本项目的任务目标及工作路径 2. 能通过各种途径自主学习新知识 3. 能正确认定国际货运事故并做出妥善处理 4. 能熟练进行索赔与理赔的业务操作 5. 具有参与意识、团队合作精神与自我评价能力		

学习内容	教学方法和建议
1. 了解跨境电商物流法律法规等方面的基础知识 2. 了解国际货运事故的定义与分类 3. 了解国际货运纠纷的解决途径 4. 掌握索赔与理赔的业务操作	1. 了解跨境电商物流法律法规等方面的基础知识——讲授、案例教学法、归纳 2. 了解国际货运事故的定义与分类——翻转课堂、案例分析、师生讨论、归纳 3. 了解国际货运纠纷的解决途径——讲授、案例教学法、归纳 4. 掌握索赔与理赔的业务操作——翻转课堂，模拟场景，要求学生角色扮演完成业务，教师辅助、总结

工具与媒体	学生已有基础	教师所需要的执教能力
多媒体教学设备、网络、电脑、立体化教学资源	已掌握了主要物流模式及基本操作	能灵活运用讲授、启发、案例分析等方法，调动学生的学习积极性，开展互动式教学

4. 课程实施建议

4.1　教材或教学资源选用

本课程应选用优秀的高职高专教材、实训指导书、辅导教材和其他参考文献资料,结合网络教学资源,满足学生在课前预习、课堂学习、课后复习、课外自学及实验实训等不同阶段的学习及实践需要。有条件的院校还应通过制作课程教学网站来辅助教学。

4.2 教学建议

4.2.1 在教学过程中,应根据学生的实际水平以及教学不同阶段的实际情况,合理安排教学内容,遵循循序渐进的原则。

4.2.2 在教学方法上,以项目教学为主,通过工作任务的设定,引导学生根据职业能力要求来掌握专业技能与专业知识。

4.2.3 引导学生培养良好的动手操作的习惯。

4.2.4 充分运用信息化教学手段,开展线上线下混合教学、"翻转课堂"等方法。

4.3 教学评价

教学评价建议采取过程评价与结果评价相结合,逐步过渡到项目任务考核模式。

4.3.1 突出过程与模块评价,结合出勤、学习态度、课堂表现、模块考核等手段,加强实践性教学环节的考核,并注重平时采分。

4.3.2 重视结果评价时的基础知识和职业能力相结合。

4.3.3 在项目教学逐步深入本课程的教学环节时,考核方法将逐步增加项目任务考核的比例,最终实现全部以项目考核成绩来评定学生课程成绩。

4.4 课程资源的开发与利用

4.4.1 积极利用专业教学软件及相关专业网站的教学资源,拓展学习的渠道,使教学内容从单一化向多元化转变,使学生知识和能力的拓展成为可能。

4.4.2 充分开发挖掘可利用的校内课程资源如图书馆、校园环境、电教设备以及师生经验等,提高教学的生动性、形象性、丰富性。

4.4.3 利用现代信息技术开发课程自主学习软件,搭建起多维、动态、活跃、自主的课程训练平台,使学生的主动性、积极性和创造性得以充分调动。

4.4.4 将本课程知识逐步网络化,扩大知识的传播途径和传播方式,在校园网上建立有利于师生互动、学生自学的多媒体网络技术平台,让学生置身于网络学习平台中,积极自主地完成该课程的学习,为学生提高基本职业能力提供有效途径。

4.5　其他说明

本课程标准也适用于其他国际商务类专业。

五、"报检与报关实务"课程标准

课程名称:报检与报关实务

课程类别:专业核心课

适用专业:国际商务(跨境电子商务)专业

开课学期:第三学期

学时:72

1. 课程定位和课程设计

1.1　课程性质与作用

本课程是国际商务(跨境电子商务)专业的核心课程,旨在帮助学生了解在跨境贸易中,按规定向出入境检验检疫机构、海关等国家监管部门正确、及时申报的重要性,从而选择合适的商品,遵循国家法律规定,合法合规开展通关业务。教会学生正确把握商检、海关相关法律法规,审核商品归类信息,根据商品的不同类型确定报检、报关要求,跟踪商检、海关审批进度,审核客户清关资料,电子账册管理及核销,或者协助专业报检报关行处理相关业务。

本课程是在国际贸易实务、跨境市场营销、跨境采购跟单等先行课的基础上开设的,学生已掌握了线上线下贸易的基本业务流程,为本课程的学习打下良好基础;其平行课程有跨境物流与货代、外贸单证与跨境结算、跨境电商英语等课程;后续课程有跨境电商运营实务及相应的实训课等。课程体系以工作过程为导向按序进行,既使学生掌握本课程的基本内容,也帮助学生深刻理解整个跨境贸易的业务操作。

1.2　课程基本理念

本课程依托校企合作,进行基于真实工作过程的课程开发设计理念。以职业能力培养为重点,以关务工作实践过程为主线,与行业企业充分合作进行课程设计与开发。

高度重视学生职业能力与职业素质的培养,以岗位职业标准为依据设计整体教学内容；教学组织以学生为主体，以项目为载体，紧密结合实际，科学合理地设计教学环节；充分利用校内教学资源和校外实训基地，灵活运用各种教学方法和手段；同时融"教、学、做"为一体，充分体现课程的系统性、职业性、实践性和开放性特点。

1.3 课程设计思路

本课程围绕跨境电商、外贸综合服务、大型外贸公司等外贸企业的关务专员、报检员、报关员等岗位要求，以工作项目为载体，以教学实践为途径，以校企共育为纽带，实现知识、能力和职业素养的有效融合。

本课程的设计主要是考虑到企业实际，基于工作过程为导向来设计的；另外，还考虑到学生的需要、学生的现有基础来设计课程，体现以学生为本的宗旨。建议利用信息化教学资源库，以学生自主学习为主，采用"翻转课堂"、教师教学为辅的模式，强调"教、学、做一体"。

1.3.1 由学校教师和企业专家共同分析职业能力、岗位职责，同时听取实习学生、毕业学生的意见和建议，制定课程标准，设计工作项目。

1.3.2 成立校企合作教学团队，校内老师和企业带教老师共同完成教学任务。

1.3.3 采用多样化的教学方法和手段，因材施教。

1.3.4 通过合理有效的考核体系，全方位评价学习结果。

2. 课程目标

本课程具有实践性、开放性的特点，既注重培养学生的职业技能，又注重培养学生的职业素养。课程目标可分解为知识目标、能力目标和素质目标。

2.1 知识目标

（1）识记出入境检验检疫机构与海关的基本职能。

（2）了解我国的外贸管制政策及商品出入境检验检疫的基本规定。

（3）掌握《法检目录》《税则目录》的查询依据与方法。

（4）掌握进出口货物分类及报检、报关的基本要求和主要程序。

（5）掌握不同商品报检、报关需提交的申报单据。

（6）掌握报检单、报关单的填制要求。

（7）理解无纸化报检报关、通关一体化、单一窗口、企业 AEO 信用认证等政策性改革措施。

2.2 能力目标

(1) 能初步分析报检范围,通过查询《法检目录》明确检验检疫要求。

(2) 能查询《税则目录》,确定商品的海关监管要求及征税要求。

(3) 能根据不同的商品准备相应的报检、报关单据。

(4) 能根据已知条件,缮制报检单、报关单。

(5) 能够进行 EDI 电子单据或海关 QP 系统的正确录入及发送。

(6) 能设计通关方案并实施。

(7) 能利用"单一窗口"平台快速通关。

(8) 能实施跨境电商小批量货物高效通关。

(9) 能够及时跟进商检或海关颁布的新政策或措施,提高工作效率。

2.3 素质目标

(1) 培养学生互帮互助的合作意识,使学生在实际工作过程中能充分发挥团队合作精神。

(2) 具备跨境贸易从业人员要求的基本素养,培养学生严谨、耐心、负责的工作态度,以及强烈的服务意识。

(3) 培养学生良好的语言表达、人际沟通及协调的能力。

(4) 培养学生较强的独立思考、理解分析能力,具备较好的可持续发展能力。

3. 课程内容与要求

3.1 课程内容

本课程采用以项目为导向,实施任务驱动;将理论与实践、仿真与全真、手工与电子化操作相结合;教学过程以学生为主体,重点突出职业能力的培养。

教学项目		子项目	参考学时
项目名称	项目描述		
认识跨境贸易关务岗位	对本岗位工作及职业要求的基本认知	(1) 认识跨境贸易关务岗位的工作范围及要求 (2) 认识在外贸产业链中,关务岗位与其他相关岗位的工作关系 (3) 出入境检验检疫机构职能及基本法律法规认知 (4) 海关职能及相关法律法规认知	6

（续表）

教学项目		子项目	参考学时
项目名称	项目描述		
进出口商品归类	依据商品归类总规则，从《HS 编码手册》中查找商品对应的商品编码	（1）进出口商品归类与 HS 溯源 （2）归类总规则 （3）查询进出口商品编码	18
一般入境货物报检及检验检疫	确定商品的检验检疫类别，准备单据，向商检局申报	（1）《法检目录》查阅 （2）准备申报单据 （3）录入报检单 （4）进行电子申报 （5）跟踪检验检疫情况 （6）配合商检局查验工作 （7）提货及后续处理	16
一般入境货物报关及通关	分析是否需要进行申报前备案及后续监管，设计通关方案并实施	（1）分析商品信息，进行商品归类 （2）获取、处理报关单证及相关信息 （3）设计通关方案 （4）录入报关单 （5）向海关申报 （6）配合海关查验工作 （7）放行提货及后续处理	18
"单一窗口"快速通关	准备商检局、海关所需的单据信息，集中向"单一窗口"一次申报，实现快速通关	（1）分析商品信息，确定商品编码 （2）根据商品编码查询《法检目录》和《税则目录》，确定商检及通关的相关规定 （3）获取、处理单证信息 （4）按规定向"单一窗口"平台发送申报信息 （5）放行发货	10
跨境电商货物通关	跨境电商货物在一般进出口、保税进出口项下的通关	（1）一般进口：清单征税验放通关模式 （2）一般出口：清单核放，汇总申报 （3）保税进口：整批报关保税入区，清单征税验放出区 （4）保税出口：入区分送集报，出区清单核放、汇总申报	4

3.2 课程设计

3.2.1 项目1 认识跨境贸易关务岗位

项目名称	认识跨境贸易关务岗位	学时数	6
学习目标	1. 认识跨境贸易关务岗位的工作范围及要求 2. 认识在外贸产业链中,关务岗位与其他相关岗位的工作关系 3. 熟悉出入境检验检疫机构职能及基本法律法规认知 4. 熟悉海关职能及相关法律法规认知		

学习内容	教学方法和建议
1. 跨境贸易关务工作所依据的法律、法规及国际惯例 2. 关务岗位工作范围及要求 3. 国际贸易相关岗位的关系	本项目设计是以学生对岗位的认知为目的。教师应灵活运用讲授、启发、案例分析、网络视频、在线自学、演绎归纳等多种教学方法与手段,以加强教学的趣味性和生动性。有条件的可以带领学生实地参观,请企业业务骨干现场讲授工作特点、岗位职责与素质要求

工具与媒体	学生已有基础	教师所需要的执教能力
多媒体教学设备、网络、电脑	已学过外贸基础、国际贸易实务等知识	能灵活运用讲授、启发、案例分析等方法,调动学生参与讨论的积极性

3.2.2 项目2 进出口商品归类

项目名称	进出口商品归类	学时数	18
学习目标	1. 明确本项目的任务目标及工作路径 2. 能通过各种途径自主学习新知识 3. 能根据归类总规则,在 HS 编码表中查询商品编码 4. 具有参与意识、团队合作精神与自我评价能力		

学习内容	教学方法和建议
1. 进出口商品归类与 HS 溯源 2. 归类总规则 3. 查询进出口商品编码	商品编码具有较强的专业性,内容较为枯燥,建议在有限的学时内培养学生的归类思维逻辑;重点选取本地区主要进出口商品类型进行归类练习;充分利用教学资源,开展"翻转课堂"学习;以小竞赛形式,促进学生的学习兴趣

工具与媒体	学生已有基础	教师所需要的执教能力
多媒体教学设备、网络、电脑、实训软件、立体化教学资源	已学过外贸基础、国际贸易实务等知识	能灵活运用讲授、启发、案例分析等方法,调动学生的学习积极性,开展互动式教学

3.2.3 项目3 一般入境货物报检及检验检疫

项目名称	一般入境货物报检及检验检疫	学时数	16
学习目标	1. 明确本项目的任务目标及工作路径 2. 能通过各种途径自主学习新知识 3. 能正确查询《法检目录》，并确定检验检疫类别 4. 能获得并处理报检所需提交的单据，录入报检单 5. 能按规定完成报检及检验检疫的业务流程 6. 具有参与意识、团队合作精神与自我评价能力		

学习内容	教学方法和建议
1.《法检目录》查阅 2. 准备申报单据 3. 录入报检单 4. 按要求进行电子申报 5. 跟踪检验检疫情况 6. 配合商检局查验工作 7. 提货及后续处理	本项目设计是以情境模拟教学为载体，使学生通过主动学习，归纳并总结主要流程的特点。教师应以项目为载体，提供给学生任务工单，教学做一体，灵活运用情境教学、在线自学、演绎归纳及启发等多种教学方法与手段

工具与媒体	学生已有基础	教师所需要的执教能力
多媒体教学设备、网络、电脑、实训软件、立体化教学资源	已学过外贸基础、国际贸易实务等知识	能灵活运用讲授、启发、案例分析等方法，调动学生的学习积极性，开展互动式教学

3.2.4 项目4 一般入境货物报关及通关

项目名称	一般入境货物报关及通关	学时数	18
学习目标	1. 明确本项目的任务目标及工作路径 2. 能通过各种途径自主学习新知识 3. 能分析商品信息，正确进行归类 4. 能获得并处理报关所需提交的单据，录入报关单 5. 能按规定完成报关及通关业务流程 6. 具有参与意识、团队合作精神与自我评价能力		

学习内容	教学方法和建议
1. 查找商品编码 2. 准备申报单据 3. 设计通关方案 4. 录入报关单 5. 按要求进行电子申报 6. 配合海关查验工作 7. 放行及后续处理	本项目设计是以情境模拟教学为载体，使学生通过主动学习，归纳并总结主要流程的特点。教师应以项目为载体，提供给学生任务工单，教学做一体，灵活运用情境教学、在线自学、演绎归纳及启发等多种教学方法与手段

（续表）

工具与媒体	学生已有基础	教师所需要的执教能力
多媒体教学设备、网络、电脑、实训软件、立体化教学资源	已学过外贸基础、国贸实务等知识	能灵活运用讲授、启发、案例分析等方法,调动学生的学习积极性,开展互动式教学

3.2.5　项目5　"单一窗口"快速通关

项目名称	"单一窗口"快速通关	学时数	10
学习目标	1. 明确本项目的任务目标及工作路径 2. 能通过各种途径自主学习新知识 3. 能查询《法检目录》和《税则目录》,确定商检及通关的相关规定 4. 能获取、处理单证信息 5. 按规定向"单一窗口"平台发送申报信息 6. 能跟踪通关进程 7. 具有参与意识、团队合作精神与自我评价能力		

学习内容	教学方法和建议
1. 理解什么是"单一窗口" 2. 掌握"单一窗口"申报的相关规定与要求 3. 掌握"单一窗口"通关的业务过程	本项目设计是以情境模拟教学为载体,使学生通过主动学习,归纳并总结主要流程的特点。教师应以项目为载体,灵活运用情境教学、在线自学、演绎归纳及启发等多种教学方法与手段

工具与媒体	学生已有基础	教师所需要的执教能力
多媒体教学设备、网络、电脑、实训软件、立体化教学资源	已掌握传统的商检及通关业务模式	能灵活运用讲授、启发、案例分析等方法,调动学生的学习积极性,开展互动式教学

3.2.6　项目6　跨境电商小批量货物通关

项目名称	跨境电商小批量货物通关	学时数	4
学习目标	1. 明确本项目的任务目标及工作路径 2. 能通过各种途径自主学习新知识 3. 熟悉商检局及海关出台的相关新政策与措施 4. 掌握利用第三方平台及保税区(或自贸区),小批量货物通关模式及业务流程 5. 具有参与意识、团队合作精神与自我评价能力		

学习内容	教学方法和建议
1. 掌握"清单征税验放通关"模式的含义、对象及操作方法	1. EDI电子单证的发展及操作特点——讲授、案例教学法、归纳

（续表）

学习内容	教学方法和建议
2. 掌握"清单核放、汇总申报"模式的含义、对象及操作方法 3. 掌握保税区（或自贸区）小批次货物的快速通关方式	2. 碎片化贸易方式下的单据缮制——翻转课堂，学生分组自主完成，教师辅教归纳 3. 碎片化贸易方式下的单据跟踪与流转——翻转课堂，学生分组自主完成，教师辅教归纳

工具与媒体	学生已有基础	教师所需要的执教能力
多媒体教学设备、网络、电脑、立体化教学资源	掌握了商检及通关的基本模式，领会了通关流程优化及改革的必要性	能灵活运用讲授、启发、案例分析等方法，调动学生的学习积极性，开展互动式教学

4. 课程实施建议

4.1 教材或教学资源选用

本课程应选用优秀的高职高专教材、实训指导书、辅导教材和其他参考文献资料，结合网络教学资源，满足学生在课前预习、课堂学习、课后复习、课外自学及实验实训等不同阶段的学习及实践需要。有条件的院校还应通过制作课程教学网站来辅助教学。

4.2 教学建议

4.2.1 在教学过程中，应根据学生的实际水平以及教学不同阶段的实际情况，合理安排教学内容，遵循循序渐进的原则。

4.2.2 在教学方法上，以项目教学为主，通过工作任务的设定，引导学生根据职业能力要求来掌握专业技能与专业知识。

4.2.3 引导学生培养良好的动手操作的习惯。

4.2.4 充分运用信息化教学手段，开展线上线下混合教学、"翻转课堂"等方法。

4.3 教学评价

教学评价建议采取过程评价与结果评价相结合，逐步过渡到项目任务考核模式。

4.3.1 突出过程与模块评价，结合出勤、学习态度、课堂表现、模块考核等手段，加强实践性教学环节的考核，并注重平时采分。

4.3.2 重视结果评价时的基础知识和职业能力相结合。

4.3.3 在项目教学逐步深入本课程的教学环节时，考核方法将逐步增加项目任务考核的比例，最终实现全部以项目考核成绩来评定学生课程成绩。

4.4 课程资源的开发与利用

4.4.1 积极利用专业教学软件及相关专业网站的教学资源，拓展学习的渠道，使教学内容从单一化向多元化转变，使学生知识和能力的拓展成为可能。

4.4.2 充分开发挖掘可利用的校内课程资源如图书馆、校园环境、电教设备以及师生经验等，提高教学的生动性、形象性、丰富性。

4.4.3 利用现代信息技术开发课程自主学习软件，搭建起多维、动态、活跃、自主的课程训练平台，使学生的主动性、积极性和创造性得以充分调动。

4.4.4 将本课程知识逐步网络化，扩大知识的传播途径和传播方式，在校园网上建立有利于师生互动、学生自学的多媒体网络技术平台，让学生置身于网络学习平台中，积极自主地完成该课程的学习，为学生提高基本职业能力提供有效途径。

4.5 其他说明

本课程标准也适用于其他国际商务类专业。

六、"外贸单证与跨境结算"课程标准

课程名称： 外贸单证与跨境结算

课程类别： 专业核心课

适用专业： 国际商务（跨境电子商务）专业

开课学期： 第三学期

学时： 72

1. 课程定位和课程设计

1.1 课程性质与作用

跨境电商正在实现从线下到线上的全产业链深化发展，在此过程中，正在快速进行电子化发展的外贸单证是支撑国际贸易各当事人开展业务、进行结算的重要载体，这也凸显了本课程的核心地位。

本课程以工作过程的项目任务为主线，以提高学生职业能力为核心，以国际商务单证员证书考试为辅助，要求学生全面学习和掌握外贸单证与结算的综合知识，能制作和缮制各种外贸单据，能审核信用证和各种外贸单据，能分析和处理各种外贸单证问题，在不同的结算方式下提交正确的单据安全结汇，能正确处理跨境小额贸易下的单据业务，并灵活选择跨境结算方式。

本课程是在国际贸易实务、跨境市场营销、跨境采购跟单等先行课的基础上开设的，学生已掌握了线上线下贸易的基本业务流程，为本课程的学习打下良好基础；其平行课程有报检与报关实务、跨境物流与货代课程、跨境电商英语等，能帮助学生延伸掌握除了结汇单据之外的国际物流、通关单据等，深化对全产业链融合的理解；后续课程有跨境电商运营实务及相应的实训课等。

1.2　课程基本理念

本课程依托校企合作，实践基于真实工作过程的课程开发设计理念。始终围绕外贸商务单证员职业岗位要求和职业证书的需要，以职业能力培养为重点，以国际商务单证工作实践过程为主线，以国际商务单证从业人员考证为辅助，与行业企业充分合作进行课程设计与开发。

高度重视学生职业能力与职业素质的培养，以岗位职业标准和考证要求为依据设计整体教学内容；教学组织以学生为主体，以项目为载体，紧密结合外贸业务实际，科学合理地设计每一个教学环节；充分利用校内教学资源和校外实训基地，灵活运用各种教学方法和手段，将课堂理论教学和课内外实践教学有机结合，使真实的外贸单证业务在整个教学内容、教学环节中得到体现。同时融"教、学、做、考"为一体，充分体现课程的系统性、职业性、实践性和开放性特点，大力提高学生的实践动手能力，增强毕业生的就业竞争能力。

1.3　课程设计思路

本课程针对外贸单证、结汇专员的岗位需求开设，以工作岗位为导向，以工作项目为载体，以教学实践为途径，以校企共育为纽带，同时融入国际商务单证员的职业标准，实现知识、能力和职业素养的有效融合。

本课程的设计主要是考虑到企业实际，基于工作过程为导向来设计的；另外，还考虑到学生的需要、学生的现有基础来设计课程，体现以学生为本的宗旨。建议利用信息化教学资源库，以学生自主学习为主，采用"翻转课堂"、教师教学为辅的模式，强调"教、学、做一体"。

1.3.1　由学校教师和企业专家共同分析职业能力、岗位职责，同时听取实习学生、毕业学生的意见和建议,制定课程标准,设计工作项目。

1.3.2　成立校企合作教学团队,校内老师和企业带教老师共同完成教学任务。

1.3.3　采用多样化的教学方法和手段,因材施教。

1.3.4　通过合理有效的考核体系,全方位评价学习结果。

2. 课程目标

本课程具有实践性、开放性的特点,既注重培养学生的职业技能,又注重培养学生的职业素养。课程目标可分解为知识目标、能力目标和素质目标。

2.1　知识目标

(1) 熟悉单证的作用及其基本知识。

(2) 理解汇付、托收、信用证等结算方式及相关知识。

(3) 掌握信用证的基本内容及各项条款的含义。

(4) 掌握常用外贸单证的基本内容和流转程序。

(5) 理解传统外贸向跨境电商转换的单证演进。

(6) 掌握在不同结汇方式下的单据准备与提交的要求。

(7) 掌握小额跨境贸易的结算方式。

(8) 掌握出口退税、外汇管理等相关知识。

2.2　能力目标

(1) 能够熟练地审核信用证,找出与合同的不符点。

(2) 能通过相关业务渠道获取制单信息,正确缮制外贸单证。

(3) 能够熟练地审核业务项下的单据,做到“单证一致,单单一致”。

(4) 能够进行 EDI 电子单据的制作与审核。

(5) 能够制作并审核小额跨境贸易项下的相关单据。

(6) 能按要求寄单、办理单据交接、进行单据跟踪。

(7) 能根据不同的结算业务要求提交单据。

(8) 能进行小额贸易项下的结算操作。

(9) 能按工作要求进行单证归档。

(10) 能进行跨境结算业务善后处理。

2.3　素质目标

(1) 培养学生互帮互助的合作意识,使学生在实际工作过程中能充分发挥团队合作精神。

（2）具备跨境贸易从业人员要求的基本素养，培养学生严谨、耐心、负责的工作态度，以及强烈的服务意识。

（3）培养学生良好的语言表达、人际沟通及协调的能力。

（4）培养学生较强的独立思考、理解分析能力，具备较好的可持续发展能力。

3. 课程内容与要求

3.1 课程内容

本课程采用以项目为导向，实施任务驱动；将理论与实践、仿真与全真、手工与电子化操作、学习与考证相结合；教学过程以学生为主体，重点突出职业能力的培养。

教学项目		子项目	参考学时
项目名称	项目描述		
认识国际商务单证与结算岗位	对本岗位工作及职业要求的基本认知	（1）认识外贸单证与结算岗位的工作范围及要求 （2）认识在外贸产业链中，单证、结算岗位与其他相关岗位的工作关系 （3）了解国际商务单证员从业证书考试的基本内容	4
T/T、CFR 出口下的单据缮制与结算	以 T/T，CFR 出口业务为载体，能缮制外贸业务中的基本单据，完成汇付结算	（1）电汇在国际贸易中的使用要求 （2）商业发票的缮制 （3）装箱单的缮制 （4）海运出口货物托运单的缮制 （5）出境报检单的缮制 （6）出口货物报关单的缮制 （7）原产地证书的缮制 （8）海运提单的审核 （9）装运通知的缮制 （10）结算收汇	18
D/P、FOB 出口项下的单据缮制、审核、流转与结算	缮制单据，并能够审核，且正确传递、流转单据，完成结算	（1）托收在国际贸易中的使用 （2）制作托收委托书 （3）制作托收项下的汇票 （4）审核全套收汇单据 （5）外贸单据的传递与流转 （6）托收项下的货款结算 （7）全套单据的归档	12

（续表）

教学项目		子项目	参考学时
项目名称	项目描述		
L/C、CIF 出口项下的单据缮制、审核、流转与结算	分析信用证是否与合同相符,缮制符合信用证的全套单据,进行单据审核与流转,结汇收汇	(1) 信用证在国际贸易中的使用 (2) 根据合同分析及审核信用证 (3) 信用证项下全套结汇单据的缮制 (4) 信用证项下全套结汇单据的审核 (5) 信用证项下单据业务的传递与流转 (6) 全套单据的归档	18
L/C、FOB 进口项下单据缮制、审核、流转与归档	L/C、FOB 进口项下的单据缮制、流转、付汇与归档	(1) 购汇用汇申请书的缮制 (2) 信用证开证申请书的缮制 (3) 修改信用证 (4) 进口货物订舱委托书的缮制 (5) 进口保险及相关单据的缮制 (6) 入境报检报关的相关单据处理 (7) 进口单据的审核与付汇 (8) 全套单据的归档	10
EDI 单据电子化与跨境第三方支付	EDI 电子单证及跨境第三方支付的操作	(1) EDI 电子单证的发展及操作特点 (2) 第三方支付平台特点 (3) 第三方支付的风险与控制	6
外贸结算业务善后	能进行出口退税等后续工作	(1) 出口退税 (2) 进出口贸易纠纷及索赔	4

3.2　课程设计

3.2.1　项目1　认识国际商务单证与结算岗位

项目名称	认识国际商务单证与结算岗位	学时数	4
学习目标	1. 认识外贸单证与结算岗位的工作范围及要求 2. 认识在外贸产业链中,单证结算岗位与其他相关岗位的工作关系 3. 了解国际商务单证员从业证书考试的基本内容		

学习内容	教学方法和建议
1. 外贸单证、结算工作所依据的法律、法规及国际惯例 2. 国际贸易相关岗位的关系 3. 国际商务单证从业人员考证内容	本项目设计是以学生对岗位的认知为目的。教师应灵活运用讲授、启发、案例分析、网络视频、在线自学、演绎归纳等多种教学方法与手段,以加强教学的趣味性和生动性。有条件的可以带领学生实地参观,请企业业务骨干现场讲授工作特点、岗位职责与素质要求

（续表）

工具与媒体	学生已有基础	教师所需要的执教能力
多媒体教学设备	掌握外贸基础、国际贸易实务等方面的知识	能灵活运用讲授、启发、案例分析等方法，调动学生参与讨论的积极性

3.2.2 项目2 T/T、CFR 出口项下的单据缮制

项目名称	T/T、CFR 出口项下的单据缮制	学时数	18
学习目标	1. 明确本项目的任务目标及工作路径 2. 能通过各种途径自主学习新知识 3. 能正确制作本项目要求的相关单据 4. 具有参与意识、团队合作精神与自我评价能力		

学习内容	教学方法和建议
1. T/T、CFR 条件的出口单证工作流程 2. 汇款业务对单据操作的要求 3. 掌握本项目相关单据的内容及制作要求	1. 商业发票、装箱单的制作——讲授、案例教学法、手工制单、归纳 2. 出口货物托运手续的办理及海运提单的审核——任务引领、翻转课堂、学生自制单、教师辅教归纳 3. 原产地证书的办理及填制——任务引领、翻转课堂、学生自主制单、教师辅教归纳 4. 出口报检、报关手续的办理——任务引领、翻转课堂、学生自主制单、教师辅教归纳 5. 装运通知的制作与发送——任务引领、翻转课堂、学生自主制单、教师辅教归纳

工具与媒体	学生已有基础	教师所需要的执教能力
多媒体、练习单据、实训软件、立体化网络教学资源	掌握了 T/T 的基本业务流程，以及 CFR 贸易术语下买卖双方的责任、义务	能按照设计的教学项目实施教学，开展引导式、交互式教学

3.2.3 项目3 D/P、FOB 出口项下的单据缮制、审核与流转

项目名称	D/P、FOB 出口项下的单据缮制、审核与流转	学时数	12
学习目标	1. 明确本项目的任务目标及工作路径 2. 能通过各种途径自主学习新知识 3. 能正确制作本项目要求的相关单据 4. 能审核托收业务中的单证，并进行流转 5. 具有参与意识、团队合作精神与自我评价能力		

（续表）

学习内容	教学方法和建议
1. D/P、FOB 条件的出口单证工作流程 2. 托收项下汇票、提单等单据的制作要求 3. 托收委托书的制作要求 4. 托收项下单据审核与流转	1. 商业汇票的缮制——讲授、案例教学、手工操作、归纳 2. 海运提单的审核——任务引领、翻转课堂、学生自主完成任务、教师辅教归纳 3. 托收委托书的缮制——任务引领、翻转课堂、学生自主制单、教师辅教归纳 4. 拟定任务完成的路径、制定项目实施方案——学生自主讨论，列出方案实施计划与步骤

工具与媒体	学生已有基础	教师所需要的执教能力
多媒体、练习单据、实训软件、立体化网络教学资源	掌握了 D/P 的基本业务流程，以及 FOB 贸易术语下买卖双方的责任、义务	能灵活运用讲授、启发、案例分析等方法，调动学生的学习积极性，开展互动式教学

3.2.4　项目 4　L/C、CIF 出口项下的单据缮制、审核与流转

项目名称	L/C、CIF 出口项下的单据缮制、审核与流转	学时数	18
学习目标	1. 明确本项目的任务目标及工作路径 2. 能通过各种途径自主学习新知识 3. 能正确制作本项目要求的相关单据 4. 能审核信用证业务下的全套单证，并进行流转 5. 具有参与意识、团队合作精神与自我评价能力		

学习内容	教学方法和建议
1. L/C、CIF 条件的出口单证工作流程 2. 读懂并翻译信用证 3. 根据合同分析和审核信用证 4. 根据信用证制作各种出口单证 5. 审核并流转相关单据	1. 分析和审核信用证——讲授、举例法、教学做一体 2. 信用证项下单证的制作要点——任务引领、翻转课堂、学生自主制单、教师辅教归纳 3. 出口货运险的办理及保险单的审核——任务引领、翻转课堂、学生自主制单、教师辅教归纳 4. 单据的审核与流转——任务引领、翻转课堂、学生自主完成，教师辅教归纳 5. 拟定任务完成的路径、制定项目实施方案——学生自主讨论

工具与媒体	学生已有基础	教师所需要的执教能力
多媒体、练习单据、实训软件、立体化网络教学资源	掌握了 L/C 的基本含义，以及 CIF 贸易术语下买卖双方的责任、义务	能灵活运用讲授、启发、案例分析等方法，调动学生的学习积极性，开展互动式教学

3.2.5　项目5　L/C、FOB进口项下单据缮制、审核、流转与归档

项目名称	L/C、FOB进口项下单据缮制、审核、流转与归档	学时数	10
学习目标	1. 明确本项目的任务目标及工作路径 2. 能通过各种途径自主学习新知识 3. 能根据合同正确开立信用证，审核进口单证 4. 具有参与意识、团队合作精神与自我评价能力		

学习内容	教学方法和建议
1. 熟练掌握进口单证的操作流程 2. 掌握信用证的开证程序，会根据合同填写信用证开证申请书 3. 掌握信用证项下进口单证的审核要点	1. 购汇用汇申请书及信用证开证申请书缮制——翻转课堂，学生分组自主完成，教师辅教归纳 2. 进口审单——翻转课堂，学生分组自主完成，教师辅教归纳 3. 进口付汇及单据归档——讲授、案例教学法、归纳

工具与媒体	学生已有基础	教师所需要的执教能力
多媒体、练习单据、实训软件、立体化网络教学资源	掌握了L/C的基本含义、业务流程，以及FOB贸易术语下买卖双方的责任、义务	能灵活运用讲授、启发、案例分析等方法，调动学生的学习积极性，开展互动式教学

3.2.6　项目6　EDI电子化与跨境第三方支付

项目名称	EDI电子化与跨境第三方支付	学时数	6
学习目标	1. 明确本项目的任务目标及工作路径 2. 能通过各种途径自主学习新知识 3. 能操作EDI电子单证 4. 能处理第三方支付业务 5. 具有参与意识、团队合作精神与自我评价能力		

学习内容	教学方法和建议
1. 掌握EDI电子单证的发展及操作特点 2. 掌握支付宝、PAYPAL等平台支付方式 3. 熟悉第三方支付的风险与控制	1. EDI电子单证的发展及操作特点——讲授、案例教学法、归纳 2. 第三方平台支付——翻转课堂，利用实训软件为载体，学生分组自主完成，教师辅教归纳 3. 第三方支付的风险与控制——讲授、案例教学法、讨论及归纳

工具与媒体	学生已有基础	教师所需要的执教能力
多媒体、练习单据、实训软件、立体化网络教学资源	掌握了线下贸易涉及的主要商务单据缮制、审核及流转	能灵活运用讲授、启发、案例分析等方法，调动学生的学习积极性，开展互动式教学

3.2.7　项目6　外贸结算业务善后

项目名称	外贸结算业务善后	学时数	4
学习目标	1. 明确本项目的任务目标及工作路径 2. 能通过各种途径自主学习新知识 3. 能协助处理出口退税等后续工作 4. 能协助处理外贸业务索赔理赔工作 5. 具有参与意识、团队合作精神与自我评价能力		

学习内容	教学方法和建议
1. 掌握现行税法对出口退税的相关规定 2. 掌握外贸业务纠纷的基本处理方法 3. 熟悉索赔理赔工作程序	讲授、案例教学法、讨论及归纳

工具与媒体	学生已有基础	教师所需要的执教能力
多媒体、立体化网络教学资源	掌握了外贸结算业务的基本流程和业务要求	能灵活运用讲授、启发、案例分析等方法,调动学生的学习积极性,开展互动式教学

4. 课程实施建议

4.1　教材或教学资源选用

本课程应选用优秀的高职高专教材、实训指导书、考证辅导教材和其他参考文献资料,结合网络教学资源,满足学生在课前预习、课堂学习、课后复习、课外自学及实验实训等不同阶段的学习及实践需要。有条件的院校还应通过制作课程教学网站来辅助教学。

4.2　教学建议

4.2.1　在教学过程中,应根据学生的实际水平以及教学不同阶段的实际情况,合理安排教学内容,遵循循序渐进的原则。

4.2.2　在教学方法上,以项目教学为主,通过工作任务的设定,引导学生根据职业能力要求来掌握专业技能与专业知识。

4.2.3　引导学生培养良好的动手操作的习惯。

4.2.4　充分运用信息化教学手段,开展线上线下混合教学、"翻转课堂"等方法。

4.3　教学评价

教学评价建议采取过程评价与结果评价相结合,逐步过渡到项目任务考核模式。

4.3.1　突出过程与模块评价，结合出勤、学习态度、课堂表现、模块考核等手段，加强实践性教学环节的考核，并注重平时采分。

4.3.2　重视结果评价时的基础知识和职业能力相结合。

4.3.3　在项目教学逐步深入本课程的教学环节时，考核方法将逐步增加项目任务考核的比例，最终实现全部以项目考核成绩来评定学生课程成绩。

4.4　课程资源的开发与利用

4.4.1　积极利用专业教学软件及相关专业网站的教学资源，拓展学习的渠道，使教学内容从单一化向多元化转变，使学生知识和能力的拓展成为可能。

4.4.2　充分开发挖掘可利用的校内课程资源如图书馆、校园环境、电教设备以及师生经验等，提高教学的生动性、形象性、丰富性。

4.4.3　利用现代信息技术开发课程自主学习软件，搭建起多维、动态、活跃、自主的课程训练平台，使学生的主动性、积极性和创造性得以充分调动。

4.4.4　将本课程知识逐步网络化，扩大知识的传播途径和传播方式，在校园网上建立有利于师生互动、学生自学的多媒体网络技术平台，让学生置身于网络学习平台中，积极自主地完成该课程的学习，为学生提高基本职业能力提供有效途径。

4.5　其他说明

本课程标准也适用于其他国际商务类专业。

第五章

职业教育国际商务（跨境电子商务）
专业教学资源库建设方案

本建设方案依据教育部《关于做好职业教育专业教学资源 2017 年度相关工作的通知》（教职成厅函〔2017〕23 号）、《国务院关于加快发展现代职业教育的决定》（国发〔2014〕19 号）、《现代职业教育体系建设规划(2014—2020)》《高等职业教育创新发展行动计划(2015—2018 年)》《教育部关于深化职业教育教学改革全面提高人才培养质量的若干意见》等文件编制。

本建设方案由项目建设背景、项目建设基础、建设目标与思路、资源库建设内容四部分组成。

▶ 一、项目建设背景

（一）项目来源与背景

1. 院校培养跨境电商人才无法满足行业需要

我国外贸稳步发展，跨境电商成为行业增长亮点。我国跨境电商保持健康、快速发展势头，与"一带一路"建设双向驱动。同时，跨境电商 B2B 带动了外贸新增长。旺盛的行业需求凸显了跨境电商行业相关人才的匮乏，院校培养跨境电商人才无法满足行业需要。作为新兴行业，大量跨境电商企业正面临专业人才匮乏的困境，究其原因，是传统外贸岗位、电子商务岗位能力并不能完全对接跨境电子商务岗位能力。开设国际贸易、国际商务等外贸类专业的院校很多，同时，开设电子商务专业的院校也很多。但是跨境电商则要求互联网＋外语＋外贸能力的复合培养。如表 5-1 所示，跨境电商人才是复合型人才，而且由于交易平台规则的不断变化，网络营销工作的不断创新，要求跨境电商人才具备较强的学习能力、适应能力及创新能力。而教育部于 2015 年才批准在国际商务和电子商务两个专业下分别开设跨境电商方向，导致院校培养跟不上行业需求。

表 5-1　传统外贸专业、电子商务专业、跨境电商专业职业能力及人才培养比较

传统外贸专业的职业能力分析及人才培养现状	电子商务专业的职业能力分析及人才培养现状	跨境电商职业能力分析人才培养要求
能与国外客户沟通交流、洽谈业务；熟知外贸业务流程，能处理订单，跟进国际物流、保险、结算、报关报检等相关业务；了解国际商务法律法规，能处理跨境业务纠纷	熟悉网络客户开发，能在 B2B、B2C 网络平台上发布产品，处理订单。能利用网络平台做好产品互联网推广，装修网店	能进行网店管理、在线英语交流、海外网络营销策划及执行、检索引擎优化；能分析海外客户需求，熟悉相关法律法规，能完成国际物流、通关、支付等业务
传统的外贸专业主要培养学生掌握国际经济与贸易的基本理论与基本技能，熟悉国际贸易规则和惯例，具有国际经济与贸易问题观察分析能力、国际贸易政策实施能力和国际贸易实务操作能力	传统的电子商务专业主要培养学生具备计算机技术及经济管理知识，使其能在现代信息技术条件下从事商务活动。核心能力是能处理信息技术应用过程中出现的问题，并能对企业应用信息技术从事商务活动提出解决方案	跨境电商人才应掌握国际贸易知识和电子商务技能，通晓电子商务平台操作，能熟练运用电脑网络等工具进行跨国市场开拓，能从事网络营销、平台运营、网站管理、采购、国际物流等相关工作
目前的外贸人才在网络平台操作、信息技术运用等方面达不到跨境电商专业人才的要求	目前的电子商务人才在商务英语沟通、跨文化交际、贸易业务等方面达不到跨境电商专业人才的要求	目前几乎没有与跨境电商行业所需的复合型人才完全匹配的专业

综上所述，面对巨大的人才缺口，联合校、企多方资源，聚焦本专业人才培养亟待解决的核心问题，明确本专业应培养的可迁移的核心能力，建设高质量高水平的共享型专业教学资源库势在必行。

2. 现有教学资源库建设项目无法满足本专业教学

自 2010 年教育部启动职业教育专业教学资源库项目建设以来，截至 2017 年 7 月，已立项建设 8 个财经大类的专业，尽管有部分课程、资源涉及国际商务（跨境电商）专业领域，但是对于本专业而言是不全面、不成体系的（见表 5-2）。以 2014 年立项的国际贸易专业为例，主要立足于传统贸易方式，12 门专业课程中只开设了一门"跨境电子商务实务"；再以 2016 年立项的移动商务专业为例，主要面向于国内移动电子商务，也无法支持跨境电子

商务的教学。

表 5-2　2010—2016 年财经大类国家级职业教育教学资源库项目

资源库编号	资源库名称	牵头单位	所属专业类	所属专业大类
2010-07	物流管理	宁波职业技术学院	工商管理类	财经大类
2010-08	会计	山西财政税务专科学校 山东商业职业技术学院	财务会计类	财经大类
2011-1-7	电子商务	浙江经济职业技术学院	市场营销类	财经大类
2012-2-6	金融	浙江金融职业学院	经济类	财经大类
2013-8	市场营销	山东商业职业技术学院 山东省商业集团有限公司	市场营销类	财经大类
2014-11	国际贸易	浙江金融职业学院	经济贸易类	财经大类
2014-12	连锁经营管理	江苏经贸职业技术学院	工商管理类	财经大类
2016-11	移动商务	江苏经贸职业技术学院	电子商务类	财经商贸大类

此外,值得注意的是,上述财经大类的专业教学资源库,主要面向的院校是高职高专,不太符合我国构建贯通中职、高职、应用本科的现代职教体系的思路。

3. 本专业资源库建设紧跟国家建设政策的调整步伐

教育部根据国家专业教学资源库项目的建设现状,自 2014 年起对资源库建设政策实施调整,以进一步加强资源库的有效应用。在建设定位上更加强调"能学、辅教",而不是建设资源仓库,能让职业院校在校生、教师或社会学习者,均能通过自主使用资源库实现不同起点的个性化、系统化学习,并达到一定的学习目标。在建设思路上强调"一体化设计、结构化课程、颗粒化资源",强化应用功能和共享机制设计。在项目建设组织上,更加强调"自主建设、省级统筹、遴选入库、择优支持、边建边用、验收评议、持续应用"的方式。本专业资源库建设思路必须紧跟这一系列的政策调整要求。

(二) 建设意义

1. 为推进"一带一路"建设提供外贸高技术技能人才支撑

外经贸企业向跨境电商升级已成普遍趋势,对该领域的人才需求十分迫切，为推动跨境电商发展，2016 年 7 月 G20 贸易部长会议批准的《G20 全球贸易增长战略》明确将促进电子商务发展列为七大合作支柱之一，并提出有针对性的协作方案。行业快速发展、市场迅速扩容必将带来人才需求井喷，而随着行业从粗放型向集约型转变，大量外经贸企业主动转型升级，积极开展技术和商业模式创新，跨境电商等新兴贸易方式发展迅速，外贸发展的内生动力得到不断增强，企业对人才培养的要求也不断提高。因此，国际商务（跨境电商）专业教学资源库的建设及时有效地呼应全球数字化贸易背景下，我国"一带一路"建设推进所需的人才培养。

2. 为职业院校师生提供专业共建共享共促的平台

尽管现在国际商务（跨境电子商务）专业建设正在全国范围内如火如荼地开展，但不同院校该专业办学历史不同，办学水平不均衡，专业服务面向有较大差异。

本专业教学资源库项目的实施，可以联合一批在本专业领域高水平的院校和行业企业，提供符合专业教学标准、覆盖专业基本知识点和技能点的课程资源，共同开发高水平的全套专业核心课程，建设当前实际生产中广泛应用的教学素材和积件，实现资源与全国相同及相近专业的院校师生共建共享、相互交流、相互借鉴和共同提升的平台。

3. 为社会学习者提供终身学习的平台

随着我国学习型、创新型社会的构建和实践不断深入，要求国际商务（跨境电子商务）从业人员不断加强学习，不断更新知识、提高技能，跟上技术的更新与进步，实现终身学习。本资源库项目的实施满足职业院校在校生、教师和社会从业人员等不同类型、不同层次的需求，服务相关人员的终身学习。

4. 现代职教体系构建的需要

贯彻落实教育部《高等职业教育创新发展行动计划（2015—2018 年）》主要目标中提出的"推动现代职业教育体系日臻完善"，以及"推进信息技术应用"的重要举措的精神，紧跟产业布局及行业态势，开发体现中职、高职、应用本科贯通性的共享型教学资源。积极引进企业实践项目案例，推进数字化教学资源共享和更新。

5. 落实创新创业教育

当前，很多中小企业甚至个人消费者都已经参与到国际贸易中，跨境电商平台把诸多的中小企业和消费者连起来，形成了普惠贸易的发展趋势。

在未来,贸易投资和经济增长将更多取决于中小企业,跨境电商恰恰体现这样的趋势。这也就是说,跨境电商为社会大众开展创新创业提供了有力的方向,本项目的实施将为落实创新创业教育提供培育保障。

▶ 二、项目建设基础

(一) 国际商务(跨境电子商务)专业资源库需求调研

自 2014 年起,本项目主持单位联合全国兄弟院校及行业企业,开展了一系列专业人才需求及建设调研工作。根据专业调研资料,明确了国际商务(跨境电子商务)专业毕业生可从事的职业岗位(群),确定了专业人才培养方向和就业面向。

(二) 跨境电商行业相关专业岗位及要求

跨境电子商务企业所需的人才可以划分为四种类型:技术管理型、技术操作型、商务管理型、商务操作型。管理层次的跨境电商人才应属于本科层次的培养目标,而操作层次属于高职层次人才培养目标。对于技术操作型,企业往往倾向用计算机和网络专业的毕业生。高职国际商务专业(跨境电子商务)方向毕业生的培养目标应该以商务操作型为主要目标,其本身的性质是"电子是手段,商务是本质",因此人才培养方向应"商务为主、技术为辅"。

以高职为例,根据跨境电商的业务流程(见图 5-1),可划分符合高职层次的跨境电商专业岗位(见图 5-2)。

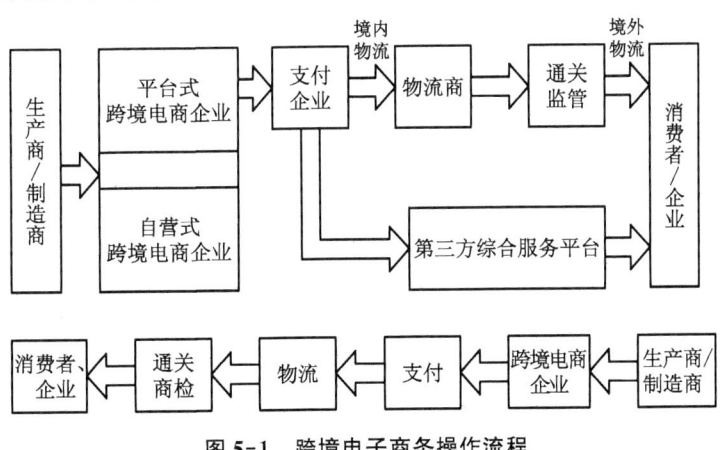

图 5-1　跨境电子商务操作流程

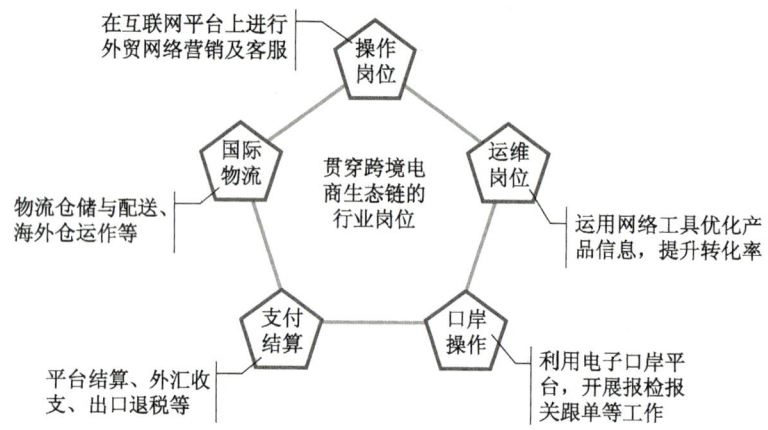

图 5-2　符合高职层次的跨境电商行业岗位及要求

（三）跨境电商岗位职业能力分析

跨境电子商务人才是复合型、国际型的电商人才，应具备英文网店管理、在线英语沟通、海外网络营销策划及执行、搜索引擎 SEO 优化、海外客户需求分析等应用能力，同时了解国际支付方式、国际物流工具、国际贸易常识、跨文化交流等知识，熟悉相关法律法规。通过岗位分析，可归纳出跨境电商的主要职业能力要求（见表 5-3）。

表 5-3　跨境电商主要职业能力分析

主要就业岗位（群）	工作过程	主要职业能力	学习领域
跨境电商操作岗位群（采购、跟单、营销、市场推广、客服）	市场定位 采购产品 跟踪收货 产品营销 处理订单	能进行市场定位 能开发市场 能运用多种手段开展营销	跨境市场营销、跨境电商客服实训
		能制订采购计划，合理预算 能寻找、选择供应商 能磋商并签订采购合同 能进行货物生产跟单 能完成货物验收	跨境采购与跟单
跨境运营维护岗位群（运营、美工、文案、策划）	选择平台 注册开店 商品上架 产品推广 绩效分析	能制定运营策略 能进行商品数字化 能在主流交易平台开展运作与管理	跨境电商运营实务、跨境电商视觉营销实训、跨境电商推广实训

（续表）

主要就业岗位（群）	工作过程	主要职业能力	学习领域
跨境物流岗位群（仓管、物流专员、货代操作）	选择运输方式 货物托运 货物运输 货物入仓 货物提取	能办理托运手续 能跟踪运输进度 能进行保税仓、海外仓操作 能完成货单交接	跨境物流与货代
跨境通关岗位群（报检、报关、关务专员）	准备单据 电子申报 配合查验 放行提货	能准备正确的申报单据 能正确进行电子申报 能配合关检机构查验 能及时提货	报检与报关实务
支付结算岗位群（外贸单证、风控专员、外汇管理专员）	准备全套单据 审核单据 收款或结汇	能选择恰当的结算方式 能按要求提供结算所需单据 能及时收汇结汇	外贸单证与结算实务

（四）国际商务(跨境电子商务)专业课程体系构建

根据国际商务(跨境电子商务)职业岗位(群)所需的专业基础和专业方向的核心能力,其组成如图 5-3 所示的专业课程体系。

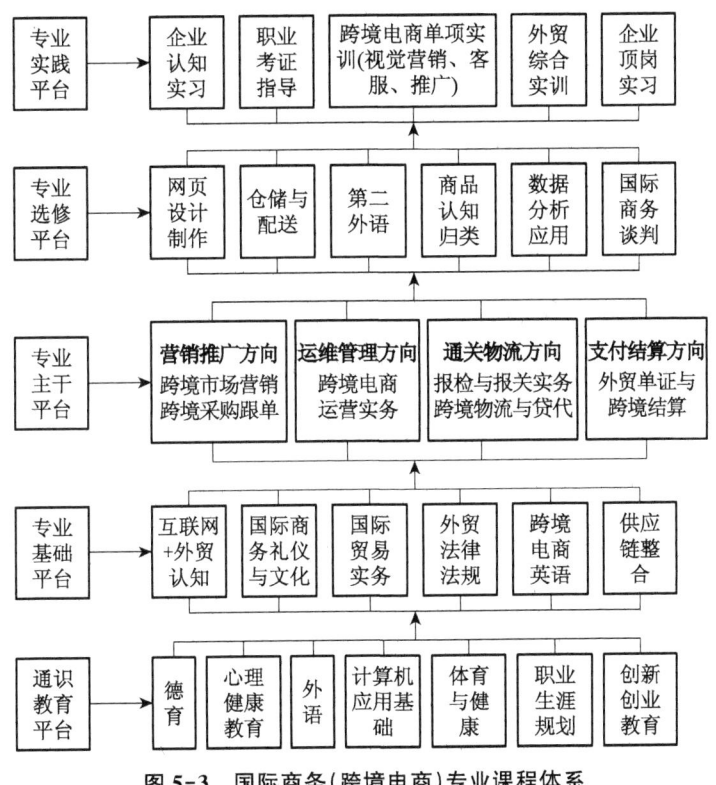

图 5-3　国际商务(跨境电商)专业课程体系

三、建设目标与思路

（一）建设目标

以跨境电商企业的人才需求为出发点，以学习者的职业生涯发展及终身学习需求为终极目标，以构建现代职教体系理念为基础，校企多元合作，面向学生、教师、企业、社会四类用户，建设专业级、课程级、素材级等三个资源中心，专业园地、课程中心、微课中心、素材中心、创新创业、社会服务等六个栏目板块，一个网络运行管理平台。体现行业发展新趋势，满足移动学习新需求，具备先进性、实用性、开放性、通用性、共享性、生态性的优质国际商务（跨境电商）专业教学资源库。国际商务（跨境电商）专业教学资源建议总体框架如图5-4所示。

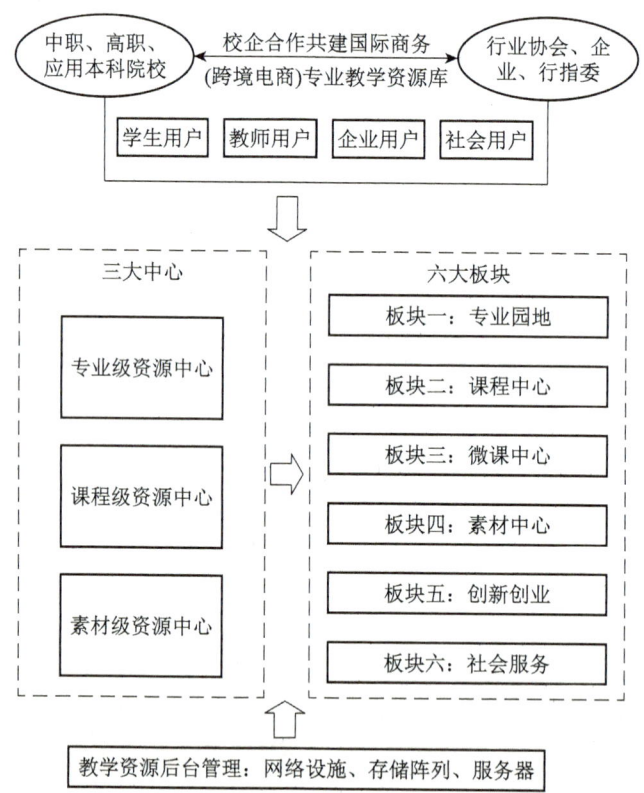

图5-4 国际商务（跨境电商）专业教学资源库建设总体框架

(二) 建设思路

基于"能学辅教"与服务社会的功能定位,按照"共建共享、边建边用"的原则,组建由行业协会、行业龙头企业、兄弟高职院校共同构成的资源库建设团队,以提升高职国际商务人才培养质量和外贸行业从业人员素质为目标,以现代教育信息技术为手段,以 1 个专业门户平台和 4 个学习中心平台为支撑,以 12 门课程和 12 个素材资源中心为内容,融入国际商务(跨境电商)职业标准,建设一个具有国际视野、适于本土践行、易于自主组合、满足多方需求的优质职业教育国际商务(跨境电商)专业教学资源库,实现教学资源共建、共享与共用的良性循环。

1. 倡导终身学习

纵向贯穿整个职业生涯以及衔接中高职,横向涵盖外贸一线人才所需的关键能力,充分强调"以人为本"。

2. 强调开放建设

以校会合作、校企合作、校校合作为依托,强调学生、教师、员工等社会力量参与,充分体现多样需求。

3. 融入创新创业等职业素养

通过课堂实训项目的巧妙设计、企业案例的精心挑选、小组讨论等教学方法的合理应用,融入诚信品质、责任意识、团队精神、敬业精神、创新创业等职业素质,使学习者养成良好的职业素质。

4. 建立资源更新机制,促进资源库持续发展

建立资源库推广应用中心,收集使用者的不同需求、资源库使用过程中存在的不足等,在整理分析的基础上,及时予以调整与改进。积极探索建立资源库运营更新机制,加强知识产权保护,激发资源建设者的积极性,确保资源库年更新量不少于 10%。

5. 组建项目建设团队,协同完成建设任务

联合行业企业专家、教育教学专家、各院校的专业骨干教师等多方力量,组建由指导层、核心层、紧密层构成的三层结构建设团队,各层之间分工明确,职责清晰。抓好项目的总体规划、任务分解、组织实施、过程监控、评审验收等各环节。建立资源库项目建设管理制度,明确项目负责人对所承担的项目负全责。建立资源库建设的评审机制,定期检查评价建设进程与质量,确保项目建设的全面完成。

四、资源库建设内容

本项目按照"颗粒化资源、结构化课程、系统化设计"建设原则，建设专业级资源中心、课程级资源中心、素材级资源中心、用户学习中心和运行管理中心。项目建设内容以跨境电商营销操作、运维管理、通关业务、物流运输、收汇结汇等岗位标准为依据，以满足四类不同用户个性化需求为出发点，系统设计资源库项目载体、课程载体及资源展现形式，以学习者为中心，组织冗余的颗粒化资源，使基础资源实现专业基本知识点和岗位基本技能点全覆盖。资源文件标注元数据，标注资源适用的课程、使用主体、教学应用类型等应用建议，实现多方需求主体对颗粒化资源的个性化定制，实现资源库功能目标。

（一）国际商务（跨境电商）专业级资源中心

1. 确定人才培养定位

本专业在充分调研基础上，将人才培养定位为适应外贸行业发展新趋势，服务外贸行业转型升级需要，面向外贸公司、跨境电商平台公司、货代物流公司、外贸综合服务公司等从事跨境电子商务的涉外企业，尤其是面向中小微企业，具备扎实的国际贸易知识，通晓跨境电商平台操作，能熟练运用英语，精营销、强运维、熟物流、会通关、能结算，兼具合作沟通、岗位迁移、创新创业等通用能力的复合型人才。国际商务（跨境电商）专业人才职业生涯路径如图5-5所示。

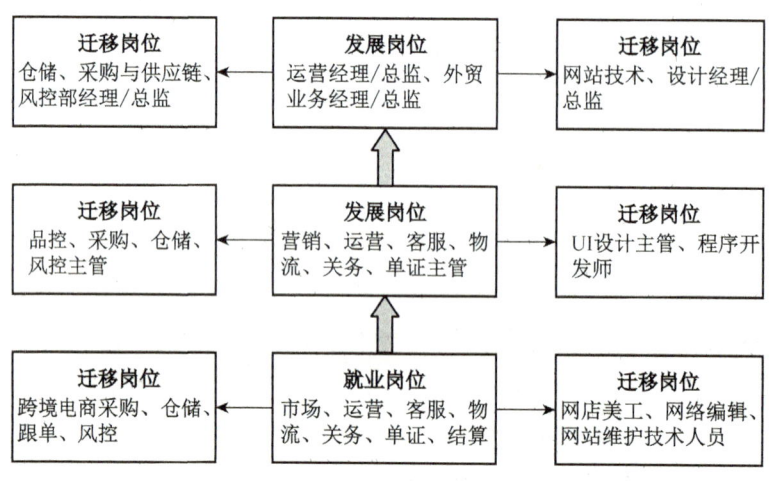

图5-5　国际商务（跨境电商）专业人才职业生涯路径

2. 开发专业教学标准和构建专业课程体系

进行行动领域的提炼归纳,构建专业核心课程体系,开发专业教学标准。其内容包括专业名称、入学要求、学习年限、人才培养目标、人才培养规格、职业范围、任务与职业能力分析、专业实训课程表、课程结构、教学进程表、专业教师任职资格和实训装备等 12 项标准化内容。

其设计思路包括:对人才培养的关键环节进行科学化、标准性规定,对整个教学过程进行标准化设计;用职业岗位定位人才培养目标,并考虑学生就业后的可持续发展,课程设置要具有一定的前瞻性,能适应行业未来发展的趋势;主要用岗位职业能力来描述人才规格,重点关注学生能做什么;把职业素质、职业能力和专业知识要求融合到各专业课程。按照"结构化课程"建设理念,搭建专业基础课程、专业主干课程与专业实训课程三个层级的专业课程体系,其中"互联网+外贸基础""'一带一路'商务礼仪与文化""跨境电商英语"3 门课程为专业基础课,满足跨境电商从业人员基本知识、素质要求,为其他专业课程奠定基础;"跨境市场营销""跨境采购跟单""跨境电商运营实务""跨境物流与货代""报检与报关实务"和"外贸单证与跨境结算"6 门课程为专业主干课程,满足跨境电商岗位人才主要专业技能要求;"跨境电商视觉营销""跨境电商运营推广""跨境贸易综合实训"3 门实训课程满足实践教学及创新创业教育的需求。国际商务(跨境电商)专业主要课程如图 5-6 所示。

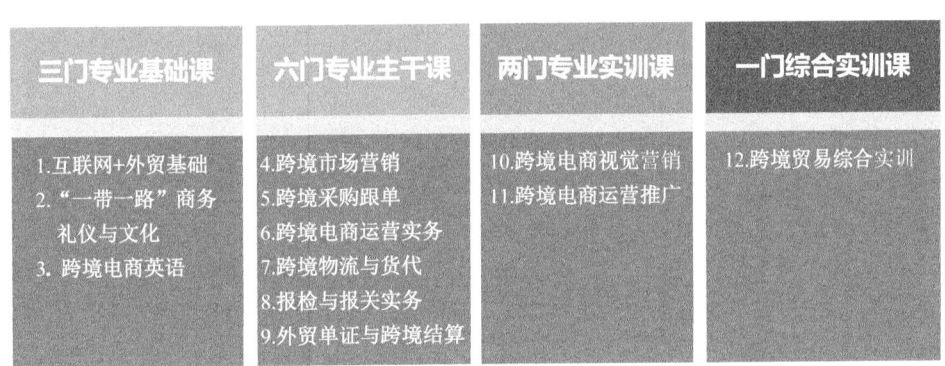

图 5-6　国际商务(跨境电商)专业主要课程

(二) 国际商务(跨境电商)专业课程级资源中心

按照"颗粒化资源、结构化课程"建设理念,采用素材、积件、模块和课程 4 个不同资源层次,建设课程级资源中心。课程级资源中心涵盖 12 门专业课。每门课程包含完整的教学内容和教学活动,包括教学设计、教学实施、教学评价等环节，支持线上教学或线上线下混合教学。

课程资源设计是按照课程—模块—积件—素材的逻辑逐层解构的过程。每门课程都解构成若干个由多个知识点、技能点结构化组合形成的资源模块。模块以学习单元、工作任务等项目为学习单位，每个模块解构成若干个由多个内在关联的素材结构化组合形成的资源积件。积件以知识点、技能点为单位，每个积件都是由素材构成。素材是最基础的、碎片化的资源。

课程资源建设与利用是按照自下而上的逆向重构的过程，系统设计的课程素材资源经过四类用户的调用、组合可将服务于一个知识点或技能点需要的多种形式的素材组合成一个积件，若干个存在内在关联的积件组成模块，形成课程的学习单元或工作任务，最终构建成一门课程。

素材建设是资源库建设的基石。每一门课程建设要素包括课程标准、电子教材、电子教案、教学课件、教学录像、课堂实训、习题试卷、企业案例、动画视频、参考资料等素材。12门课程主要建设要素及内涵要求如表5-4所示。

表5-4　12门课程主要建设要素及内涵要求

课程名称	建设要素	内涵要求
（1）互联网＋外贸基础 （2）"一带一路"商务礼仪与文化 （3）跨境电商英语 （4）跨境市场营销 （5）跨境采购跟单 （6）跨境电商运营实务 （7）跨境物流与货代 （8）报检与报关实务 （9）外贸单证与跨境结算 （10）跨境电商视觉营销 （11）跨境电商运营推广 （12）跨境贸易综合实训	（1）课程标准	包括课程性质、课程设计思路、课程目标、课程内容和要求、教学建议等
	（2）电子教材	体现产教融合、教学做一体的人才培养特色内涵
	（3）电子教案	涵盖教学目的、知识与能力要求、重难点及解决办法、教学用具设计、教学内容与时间安排、参考资料等
	（4）教学课件	内容全面，素材多样，充分体现现代化教学技术手段运用
	（5）教学录像	12门课程全套教学过程的录像
	（6）课程实训	要求基于工作过程和工作任务，利于提升职业能力的实训项目和实训要素
	（7）习题试卷	涵盖填空、判断、选择、简答、计算、案例分析等题型
	（8）企业案例	与课程内容高度关联，具有借鉴与参考意义
	（9）动画视频	反映工作过程、工作原理等动画，关于教学重点、难点和热点的微课堂
	（10）参考资料	包括相关的法律法规、国际惯例、企业网站链接、参考书等

(三) 国际商务(跨境电商)专业素材级资源中心

为满足本专业学生在线自主学习、教师开展专业教学、职员提升业务能力、社会大众了解外贸知识等不同需求,建设用文档、图表、动画、视频等各种形式展示的素材级资源中心,包括 6 个基本素材库和 3 个特色素材库(见表 5-5)。

表 5-5　国际商务(跨境电商)专业素材库建设内容及内涵要求

素材类型	素材名称	建设内容	素材数量
基本素材库	标准文本库	专业教学标准	1
		职业能力标准	1
基本素材库	标准文本库	课程标准	12
	课件教案库	围绕 12 门课程的教学课件	120
		围绕 12 门课程的电子教案	360
	动画视频库	各类业务操作环节的动画展示、12 门课程的授课录像视频、课程参考视频等	2 700
	图表流程库	各类业务流程图、表格、企业工作现场和校内教学条件图片等	50
	习题试卷库	围绕 12 门课程的习题试卷等	4 800
	法规惯例库	有关跨境贸易的法律、法规和国际惯例	100
特色素材库	企业案例库	围绕 12 门课程的企业相关案例	800
	职业认证库	职业能力认证考核等资源	500
	创新创业库	创业指导、创业大赛等相关资源	300

(四) 国际商务(跨境电商)专业用户学习中心

本专业教学资源库调研学生、教师、企业及社会学习者四类用户的学习需求,制作用户需求清单,依此开发资源库用户学习中心分中心及相应子栏目,用户需求导向是本专业教学资源库建设的基本理念,满足各类用户的共性需求及个性需求,在各类用户学习过程中发挥"能学辅教"功能,是本专业教学资源库建设的目标。

基于四类用户的不同需求,本专业教学资源库在用户学习中心分设教师用户中心、学生用户中心、企业用户中心及社会学习者用户中心四个分中心。每个中心依"用户需求"—"平台栏目"的逻辑关系构建。

职业教育教学资源集成与服务网站将实现资源创作系统、资源定制系统、资源库系统、专业课程网站、教师社区系统、学生自主学习系统、信息发布系统、商务系统、网站管理系统等功能的设计与开发。本网站的建设，一方面，将在实现教学资源在生产、管理与终端应用各环节的无缝传输的基础上，充分整合专业教学资源库建设成果以及其他企业、学校、研究机构的各类资源，实现教学资源的集成及共建共享，最终通过教学资源的定制及二次创作、整合，为学校、教师提供最能满足其教学需求的个性化的教学资源；另一方面，本网站将为教师、学生和社会学习者提供较为全面的教学方面的服务，打造职业教育教师网络家园，实现学生、社会学习者在线自主学习，同时，还将利用平台的信息发布功能与教学资源优势，与地方合作，建立各地方的就业与创业网络平台，推动学生素质教育的发展。

1. 学生用户中心

根据对学生资源库使用的需求调研，专业教学资源库将学生需求归纳为自主学习需要、外贸实训需要、职场体验需要等三方面，依此在学生用户中心分设学习中心、在线答疑、微课堂、资源中心、行业资讯等栏目以满足学生学习的需要。

针对学生自主学习的需要，帮助学生顺利完成"学—练—测—评"的一体化学习过程，资源库建有以下资源栏目满足不同学生自主学习的需要：

（1）学习中心：通过 12 门专业核心课程的网络学习平台，提供专业基础知识及各类延伸资源的嵌入式链接，供学生自主学习。

（2）在线答疑：为学生在自主学习过程中解决学习困难提供在线问答的技术支撑，使学生的学习困难能够及时得以解答，提高学生自主学习效率。

（3）微课堂：提供专业核心课程中重难点讲解视频，提高学生学习内容的难度与深度，为不同学情学生的学习需求提供学习支撑。

（4）资源中心：将资源库全部资源以资源类型为划分标准，实现冗余资源与智能搜索相结合的资源使用中心，是资源库建设的中心，是学生自主学习的资源支持。

2. 教师用户中心

根据对教师资源库使用的需求调研，本专业教学资源库将教师需求归纳为课程建设、教学设计、业务培训、咨询交流四方面，依此在教师用户中心分设：专业建设、课程中心、资源中心、业务培训、职教动态、互动交流等栏目以满足教师自我提升与交流学习的需要。

（1）针对教师课程建设需要，资源库开发提供从课程整体教学活动设计到单元教学活动设计的标准化教学资源供专业教师学习使用；提供教学大纲、多媒体课件、教学案例等各项教学资源，帮助教师组织实施教学活动；提供课程考核方案、单元考核方案、习题库、试题库，为教学评价环节提供资源支持。

（2）针对教师教学设计需要，资源库提供冗余教学资源，以素材、积件、模块和课程等多层次教学资源支撑教师教学设计需要。其中，素材是最基础的、碎片化的资源；积件是以单个知识点、技能点为单位，多个内在关联的素材结构化组合形成的资源；模块是以学习单元、工作任务等项目为单位，多个知识点、技能点结构化组合形成的资源；课程是包含了完整的教学内容和教学活动，由教学设计、教学实施、教学评价等环节组成，支持线上教学或线上线下混合教学的资源。

（3）针对教师业务培训需要，资源库开设师资培训、职教动态等栏目。师资培训栏目为各门专业课程教师提供由名师主讲的课程建设与实施的培训，包括课程整体设计、教学单元设计、课堂教学技巧运用等内容，提升教师的执教能力和业务水平。职教动态栏目将为广大高职教师师资培训提供资讯。

（4）针对教师咨询交流需要，资源库开设咨询交流栏目，为专业教师提供互相学习交流先进教学经验、专业教学资讯，分享教学资源的窗口。

3. 企业用户中心

根据对企业用户资源库使用需求调研，本专业教学资源库将企业用户需求归纳为岗位培训、热点跟踪、咨询交流与业务诊断四个方面，依此在企业用户中心分设：岗位培训、法律法规、微课堂、资源中心、外贸专题、企业案例等栏目，以满足企业用户自我提升的需要。

（1）针对企业用户岗位培训的需要，资源库区分基础培训及前沿培训两种需求，针对基础培训设置微课堂与资源中心，满足行业新人夯实专业基础，提升专业技能的需要。针对企业业务骨干提供岗位培训、法律法规等资源，帮助企业用户了解行业新趋势、新政策，发挥资源库提升企业用户业务水平的作用。

（2）针对企业用户热点跟踪需要，资源库开设外贸专题与热点问题栏目，为外贸行业一线员工提供外贸领域热点问题的深入分析与专题交流，使资源库不仅成为外贸行业一线操作人员技能提高的平台，更为外贸行业输送更多的管理人才，提高高职外贸从业人员职业迁移的能力。

（3）针对企业用户咨询交流需要，资源库开设咨询交流栏目，重视国家外贸政策及措施的更新，增设前沿知识讲座，为外贸行业员工提供互相学习、交流业务经验的窗口。

（4）针对企业用户业务诊断需要，资源库开设企业案例栏目，既为企业用户提供专业智力支持，提供业务操作建议，也为众多外贸企业用户提供相互学习、相互支持的平台。

4. 社会用户中心

资源库将社会用户定义为有意向了解或拟投身外贸行业的社会潜在用户，根据对社会用户资源库使用的需求调研，本专业教学资源库将社会用户需求归纳为外贸入门、外贸实训、职业规划与创新创业四方面，依此在企业用户中心分设：岗位标准、培训包、外贸实训、企业创立、热点问题、微课堂与资源中心等栏目以满足社会用户行业认知与自我提升的需要。

（1）针对社会用户跨境电商入门的需要，资源库设置了外贸培训包，培训包涵盖从业人员应该具备的知识点、技能点，包括这些知识点与技能点学习所需各种音视频、文本图表等丰富资源，满足社会用户自我学习的需要。

（2）针对社会用户跨境电商实训需求，设置外贸实训栏目，满足主要岗位的实训需求，为社会用户深入了解跨境电商业务实际操作流程，模拟外贸相关业务实际操作，测试自身外贸业务操作技能提供支撑。

5. 运行管理中心

专业教学资源库的建设、维护、完善等工作，内容多、涉及面广，必须建立运行管理中心。

一是要组建专业资源库建设团队，包括建设项目顾问团队、项目领导小组、项目开发团队、子项目开发团队、质量监控小组和网络技术团队，明确各团队人员的职责，同时确保团队组成人员来自行业企业、高职院校，集合行业、企业、学校等，汇聚多方面的优质资源。

二是要建立资源库建设的相关制度，包括资源库项目建设实施管理办法、资源库项目建设专项资金管理办法等，实现项目管理的规范化、制度化。

三是建立教学资源建设标准审查机制，按照确定的标准进行资源库教学资源素材的制作和资源库网络集成，实现项目资源的标准化。

四是建立资源库持续发展机制,包括政府部门对资源库建设持续的政策指导机制、行业协会(全国外经贸职业教育教学指导委员会等)对资源库建设持续的业务指导机制、外经贸企业对资源库建设最新的素材资源的持续供给机制、资源库内容的持续更新机制、高职院校及同行教师参与资源库建设的有效激励机制。

五是设计资源库资源共享方案,依托政府部门、行业协会、数字资源中心和合作院校间组建资源共享联盟,在企业、高职院校中推广和应用,真正达到资源库的共享性、开放性、持续性。

▌▶ 五、预期效果

(一) 项目特色

1. 建设定位高

本资源库在整体设计的过程中除了满足一般学习者的学习需求外,还专门设置了"职教立交桥资源"模块,服务于国际商务(跨境电商)专业中职、高职、本科的衔接贯通,积极探索职业教育体系的构建。此外,本资源库还拓展学习者的国际视野,积极探索了国际化专业人才的培养途径。

2. 应用模式新

本资源库可根据使用者的个性化需求,自主规划学习路径,完成资源的智能推送,实现自组织学习。在电脑、手机、平板等多终端上呈现的资源,支持不受时空限制的泛在学习及碎片化、社区化、协作化学习。虚拟化的实训资源可以满足学生的仿真训练。

3. 服务面向广

由于本专业是一个服务的行业领域多、从业的人员多的专业,建立这样一个专业教学资源库,其受益群体势必更大,效益更好,价值更高。

(二) 项目建设成效

通过校企行的密切合作,建成具有先进性、实用性、开放性、共享性、可持续性特点的专业教学资源库。项目的建设及推广应用,将引领专业的改革与建设,提升人才培养的质量,提升服务地方经济与社会发展能力。

1. 集成创新教学资源，建成国家水平的资源库

科学分类、有效整合、集成创新国内外行业知名企业实践资源以及高职院校优质教学资源，构建由学校教学资源、企业学习资源、职业培训和职教立交桥资源等四大学习模块所组成的专业教学资源库。

2. 引领专业教学改革，提升人才培养质量

教学资源库先在本市，然后在全国职业院校中推广使用，争取引领国际商务（跨境电商）专业教学模式和教学方法改革，推进本专业教育教学信息化建设，整体提高职业教育水平，提升人才培养质量。

3. 满足多样化学习需求，服务学习型社会构建

教学资源库能针对教师、在校学生、企业员工、社会学习等不同人群的不同需求进行系统设计，服务他们的专业学习、职业成长与终身学习。整合开发基于云技术、具有社区化模式的多终端数字化教学空间，支持碎片化、个性化、探究式学习，支持泛在学习、移动学习与协作学习，提高资源库的使用效率。

4. 强化技术交流与信息服务，提升专业的社会贡献度

教学资源库建成后将在学校、行业、企业和社会之间实现共享，使资源库服务平台成为学校和行业企业专业人员加强交流与合作的社区。通过资源库的利用，提高优质教学资源、生产实践教学资源的社会共享度，提升专业对社会的贡献度。

5. 建立资源建设与产业发展随动机制，实现资源库可持续发展

资源库项目建成后，以建立合理的运营机制为基础，分步实施，保障资源建设合作单位能够紧跟产业发展需求和发展，持续更新资源库内容，保障教学资源库的可持续发展。

第六章

国际商务(跨境电子商务)
专业建设规划案例

▶ 一、国际商务(跨境电商)人才市场需求分析

(一) 行业发展背景

1. 从全国范围来看,近年来,我国跨境电子商务呈现井喷式爆发后持续高速发展,为促进外贸回稳向好和创新发展发挥了积极作用

我国正通过"一带一路"战略,大力发展国际贸易,以构建开放型世界经济中心。在这一形势下,作为国际贸易的新型业态,跨境电商在新形势下发挥了重要的先导作用。2010—2016 年,跨境电商从占整体外贸比重的 6% 一路飚升到 25% 的份额,年均增长近 30%。预计到 2020 年,跨境电商将占到我国整体外贸的 40% 以上(见图 6-1)。

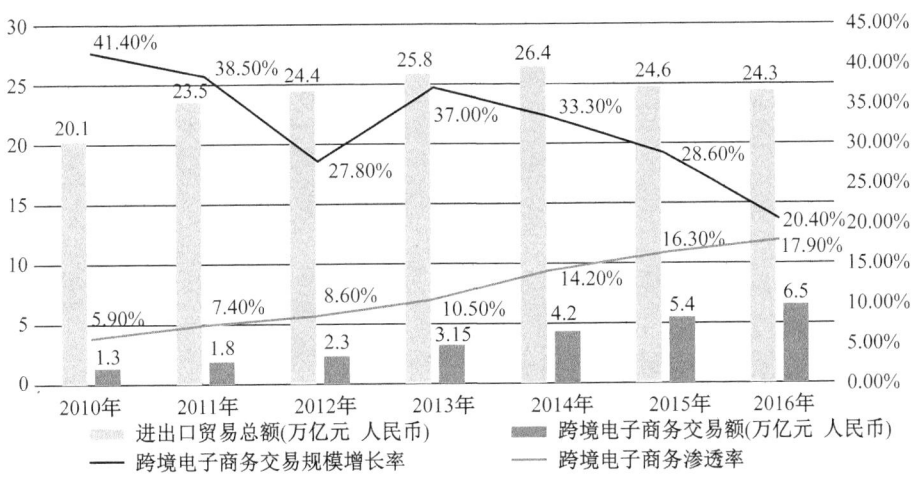

图 6-1　2010—2016 年中国进出口贸易与跨境电商交易情况

数据来源:国家统计局、海关总署、艾瑞咨询、托比研究等。

2. 从区域化角度来看，上海积极响应"一带一路"战略，依托自贸区，跨境电商指数全国排名靠前，发展优势明显

根据最新的海关公布数据，2017 年上半年，上海外贸进出口实现了自 2012 年以来的首次两位数增长，达 18.7%。同时，数据显示上海进出口对欧、美、日发达经济体依赖程度降低，对"一带一路"沿线国家进出口 3 214.3 亿元，比上年同期增长 23.2%，占 20.7%，增速明显。

2015 年、2016 年上海连续两年名列全国跨境电商指数排名第四的位置，发展优势明显（见表 6-1）。

表 6-1　2016 年全国省级行政区域跨境电商发展指数（前 12 名）

名次	省份	规模指数	成长指数	渗透指数	支撑指数	跨境指数	2015 年排名	名次变化
1	广东省	100.000	14.075	38.813	73.582	65.294	1	—
2	浙江省	60.276	16.397	39.538	56.293	46.556	2	—
3	北京市	10.496	15.199	100.000	53.822	38.003	5	↑2
4	上海市	26.432	14.477	33.372	45.331	29.209	4	—
5	福建省	19.926	10.044	56.248	19.753	25.179	3	↓2
6	宁 夏	0.008	100.000	0.039	2.689	20.549	33	↑27
7	江苏省	22.971	7.274	12.863	31.096	19.435	6	↓1
8	山东省	8.075	32.914	16.285	15.844	16.238	13	↑5
9	青海省	0.174	54.064	18.328	2.689	15.086	27	↑18
10	河南省	5.364	13.353	24.077	8.593	11.350	7	↓3
11	湖南省	2.183	12.232	26.020	6.769	9.877	9	↓2
12	内蒙古	0.349	33.834	6.908	5.942	9.477	31	↑19

数据来源：敦煌网《2017 中国跨境电子商务（出口 B2B）发展报告》。

（二）人才需求分析

1. 上海建设全球跨境电子商务四大中心的诉求极大地刺激了对相应职业人才需求"量大"且"质优"的要求

（1）跨境电商外贸人才需求数量要求"大"。作为新兴行业，大量跨境电商企业正面临专业人才匮乏的困境，上海市人民政府于 2016 年 8 月发布的《"十三五"时期上海国际贸易中心建设规划》指出，上海有进出口业绩的企业近 4 万家，这还不包括近 1 年来新增的企业，大量传统岗位的人员都面

临转型,同时还需要更多的人才来支撑企业开展跨境电商业务。基于此,人才的需求量之大可见一斑。

(2)跨境电商外贸人才需求质量要求"高"。在2016年6月发布的《中国(上海)跨境电子商务综合试验区实施方案》中提出,将力争通过2~3年的试验改革,形成一套线上交易、线上监管、线上服务、线下支撑的规则体系,适应和引领跨境电子商务产业发展,建成政府服务高效、市场环境规范、投资贸易便利、资源配置优化、产业特色明显的全球跨境电子商务运营中心、物流中心、金融中心和创新中心。这必将引导上海的外贸发展能级提升,从而也促进了对高水平高素质跨境电商外贸人才的需求。

2. 跨境电商职业人才需求结构分析

(1)层次:跨境电商中小微企业的激增催生了对高职高专学历人才的需求。

跨境电商的运营模式是基于互联网,打破了传统外贸模式下的国外营销渠道,这使中小微企业发展获得了新的契机,从而能与大型企业站在同一起跑线上。根据上海商务委统计数据得知,大型企业和中小微企业的数量占比已从10年前的7∶3变为现在的3∶7。而在2016年10月14日,上海市人力资源和社会保障局就业促进中心会同上海市学生事务中心联合发布《上海市2016届高校毕业生就业状况报告》中指出,小微企业吸纳了1/3的高校毕业生。

据调研,中小微企业对跨境电商的人才需求主要集中在专科学历层次,并希望一人多岗。

(2)岗位:对接跨境电商产业生态链,形成闭环式五大岗位群,最缺乏营销与运营人才。

跨境电商从1.0时代的信息撮合功能,发展到2.0时代的平台集约,再到如今3.0时代的全系统供应链深化,揭示了本专业人才培养的职业面向应着眼于整个生态产业链。

据此,对接产业链,梳理跨境电商业务流程(见图6-2),以此确定人才培养面向的五大岗位群(见图6-3)分别为:营销操作、运维管理、通关业务、物流运输、收汇结汇。根据企业调研结果统计,最缺乏的岗位是营销及运营两大岗位群的人才。

(3)能力:职业能力重点指向五个方面,体现高度复合性特点(见表6-2)。

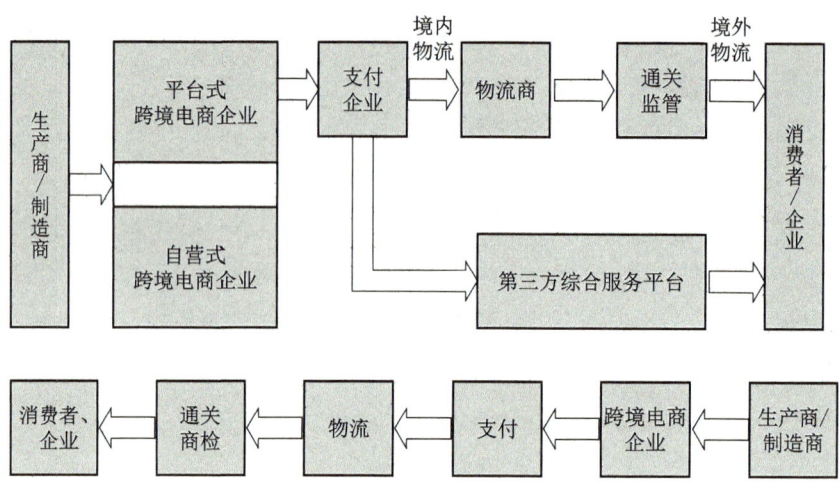

图 6-2　跨境电子商务贸易流程

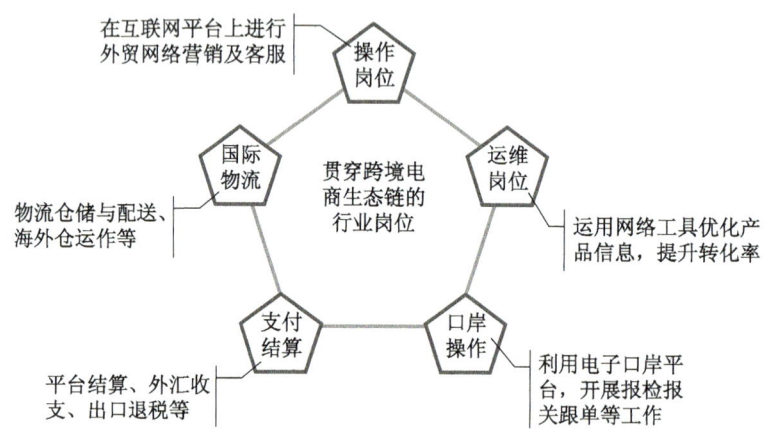

图 6-3　符合高职层次的跨境电商行业岗位及要求

表 6-2　跨境电商人才职业能力分析

职业能力	主要内容
语言能力	有较强的阅读能力，能在外文国际网站上查找并获取最新资讯；写作方面，能进行产品外文描述，与外国客户进行在线外语沟通等。除英语外，如能掌握其他小语种更佳
电子商务能力	进行店铺设计装修、产品发布与下架、价格设置；有一定的商品拍摄、图片处理能力；熟悉在线交易流程，能进行支付与配送，有效开展客户服务
国际贸易能力	掌握国际贸易规则、交易程序及操作要求等；熟悉国际快递、海外仓等国际物流业务；能进行报检报关等通关业务

(续表)

职业能力	主要内容
市场营销能力	产品采购、SEO优化、网络营销、客户需求分析;进行海外市场调研、预测、分析等;利用电商平台进行网络营销推广,利用论坛等多渠道进行产品营销;进行商务磋商和订单处理
综合拓展能力	熟悉相关的法律法规;具备一定的企业管理、财务管理、人力资源管理、客户管理、知识产权、品牌形象管理等各项综合能力;具有团队协作精神和创新意识

二、专业发展现状

(一) 国际商务专业的比较优势

上海思博职业技术学院是上海市特色(示范)高等职业院校、国家教育综合改革上海试点院校。国际商务专业是学校建校后的首批招生专业,专业带头人姚大伟教授是全国外经贸职业教育领域的知名专家,他带领了一批高学历、高技能、高素质的教学团队,以产教融合为核心,面向区域为重点,服务社会为抓手,锐意进取。近几年来,国际商务专业已获得了一项国家级教学成果二等奖、两项省市级教学成果特等奖、主持一项国家级职业教育教学资源库子项目建设工作;上海市一流专业建设列、上海市级教学团队、五门上海市级精品课程;五本国家教育部"十二五"规划教材、九本国家商务部"十二五"规划教材、一本"互联网+式"互动新形态一体化教材,其中《国际商务单证理论与实务》一书在全国发行使用量超过60万册;全国职业院校技能大赛获两金两银三铜、外经贸行指委及报关行指委委员单位、中国国际贸易学会国际贸易实务教学工作委员会主任单位、教育部职业教育专业教学标准修订主持单位;近几年来培训各地外贸类师资2 000余人。

(二) 国际商务专业的错位优势

1. 解决人才供需错位矛盾,快速响应市场需求,及时开展跨境电商方向专业人才培养

根据前述的国际商务人才市场需求分析,目前上海乃至全国范围都存在很大的跨境电商人才供应缺口,本专业方向的开设顺应了市场呼声。

2. 解决培养目标错位矛盾，重点培养商务型跨境电商操作型人才

本专业于2014年起主持了多项外经贸人才需求与专业培养的应用型科研课题，如表6-3所示。

表6-3 主持国际商务（跨境电商）专业的部分重点课题

序号	主持课题	来源	立项及结题时间
1	外经贸行业人才需求与专业设置指导报告	教育部	2014年9月立项 2015年9月结题
2	上海外经贸行业人才需求分析及预测	上海市教委	2015年10月立项 2016年11月结题
3	国际商务（跨境电商）专业教学标准开发与建设	上海市教委	2015年5月立项 2016年11月结题
4	产教融合，高职国际商务（跨境电商）专业人才培养模式的创新与实践	上海民办高职重大内涵建设科研项目	2016年5月立项 2017年12月结题

根据项目研究结果，本专业人才培养定位有别于应用型本科的管理型跨境电商人才，也与技术类跨境电商人才错开，重点培养对接跨境电子商务岗位群的商务操作型人才，并对人才培养模式进行了科学系统的理性分析，以实现人才培养的可持续发展。

▶ 三、一流专业发展定位

（一）专业发展定位

及时对接外贸产业最新发展动向，以上海市一流专业建设为引领，紧跟"一带一路"国家战略，服务上海自贸区，依托"政行企校"联动，以跨境电商生产性实训基地为载体，引企入校，构建"产教研创"平台，创新国际商务专业"真实项目、学做一体、多元培养"的人才培养模式，实施"专业技术教育＋岗位技能训练＋创新创业实践＋职业素养与生涯规划"四线复合的课程体系，深耕专业内涵建设，争取5年内将国际商务（跨境电商）专业建设为创新型国际化人才培养高地、产教协同教育教学改革高地、跨境电商应用性社会服务高地。

（二）专业培养定位

专业培养不仅要立足现在，考虑到现在对应的职业岗位群，也要面向未

来,培养能适应工业4.0时代,具备岗位迁移能力、系统解决问题能力、创新思维能力的人才。在这个理念指导下,本专业依据学生个性化发展目标,培养人才分为职业型人才和创业型人才两种。

职业型人才:面向外贸公司、跨境电商平台公司、货代物流公司、外贸综合服务公司等从事跨境电子商务的涉外企业,尤其是面向中小微企业,具备扎实的国际贸易知识、通晓跨境电商平台操作、能熟练运用英语(或其他外语),精营销、强运维、熟物流、会通关、能结算的职业岗位人才。

创业型人才:能够独立开设网店,开发国际市场,尤其是"一带一路"沿线市场,提供相应的商业服务,买卖全球、商达天下。

(三) 专业特色定位

依托产教研创平台,以跨境电商生产性实训基地为载体,分阶段、递进式引入企业真实工作项目,校企协作开发,形成企业课程融入＋真实工作情境＋无边界泛在学习的鲜明特色(见图6-4)。

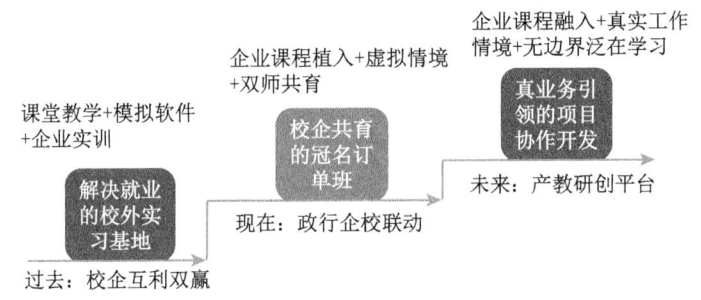

图6-4　国际商务(跨境电商)专业特色演进路径

1. 建设"产教研创"平台,实现"校企互利双赢——政行企校联动——产教研创平台"人才培养的动态演化

学院在"双主体办学、多渠道合作、全方位育人"的办学模式指导下,在政府的支持下,重组国际商务专业(群)建设委员会;委员会带动企业引进真实工作项目,校企双方协同开展真实工作项目融入课程体系的课程开发工作,实现"产教结合";校企师资在产教结合的过程中加强应用研究,动态跟进社会与技术进步、生产方式的变革,达到"产教研一体";在"产教研"的基础上,"用创"合一,有效培育创新创业能力,呈现出鲜明的"校企互利双赢—政行企校联动—产教研创平台"的递进演化特点(见图6-5)。

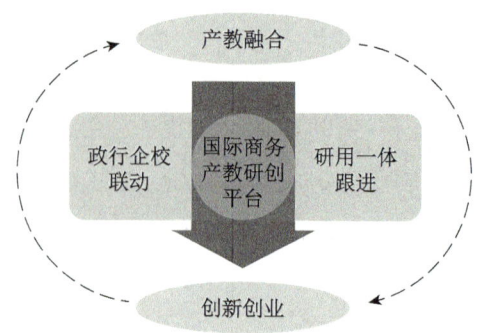

图6-5　国际商务专业（群）"产教研创"平台运行机制

2. 建设跨境电商生产性实训基地，实现"校外实习基地—校内外双元实训基地—公司化运营基地"人才培养载体的逐渐优化

最初校外实训基地主要是解决企业用工需求而产生的顶岗实训基地。随着校企协同的深化，成立冠名订单班，采取校内模拟实训、校外真岗实训的形式。校内实训室开展的模拟实训存在一定的局限性，因此进一步建设生产性实训基地，能承载真实工作项目的公司化运营，实现校外内皆真岗实境操作，达到无缝对接工作岗位的程度（见图6-6）。

图6-6　跨境电商生产性实训基地

3. 实现"课堂教学＋模拟软件＋企业实训—企业课程植入＋虚拟情境＋双师共育—企业课程融入＋真实工作情境＋无边界泛在学习"学习氛围的逐渐培育

有了产教研创平台和跨境电商生产性实训基地,就能实现将企业真实项目真正融入课程,使学生在真实的工作环境中做项目。同时通过校内云平台、网络"人人通"实现无边界泛在学习,可以帮助学生一边做项目一边进行个性化网络学习,提升自主学习兴趣,形成良好的、先进的学习氛围。

四、一流专业预期成果

通过5年的建设期,将国际商务(跨境电商)专业建设为创新型国际化人才培养高地、产教协同教育教学改革高地、跨境电商应用性社会服务高地。主要预期成果如下。

(一) 人才培养与课程建设预期成果

1. 依托"产教研创"平台,切实落地"真实项目、学做一体、多元培养"的人才培养模式,产生示范作用,并对专业群形成辐射效应(见图6-7)。

(1) "真实项目":"真实"在哪里? 即紧扣以构建"产教研创"平台为核心,实实在在引入企业工作项目,校企协作设计逐层递进的项目课程,实施公司化运营。

(2) "学做一体":如何做到"一体"? 一是实施"专业技术教育＋岗位技能训练＋创新创业实践＋职业素养与生涯规划"四线复合的课程体系;二是校企联合建设"双元多能"教学团队,以项目经理身份现场指导教学;三是开展信息化教学改革,打造无界泛在学习空间。

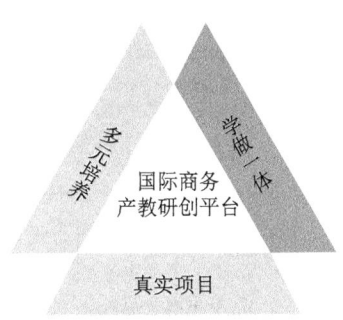

图6-7 "真实项目、学做一体、多元培养"的人才培养模式

(3) "多元培养":何谓"多元"? 主要是遵循学生的个性化发展诉求、全面化发展需要,从两个方面来体现多元培养。从个性化发展诉求的角度,培养职业型、创业型人才;从全面化发展需要的角度,培养人文化、国际化的综合素质型人才。

2. 实施专业技术教育课程体系＋职业岗位技能训练体系＋创新创业实践体系＋职业素质成长与生涯规划体系的四线复合课程体系，凸显"全人教育"（见图6-8）。

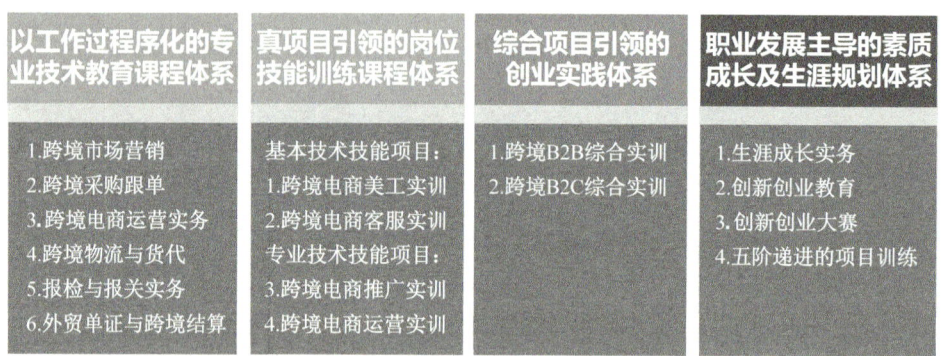

以工作过程序化的专业技术教育课程体系	真项目引领的岗位技能训练课程体系	综合项目引领的创业实践体系	职业发展主导的素质成长及生涯规划体系
1.跨境市场营销 2.跨境采购跟单 3.跨境电商运营实务 4.跨境物流与货代 5.报检与报关实务 6.外贸单证与跨境结算	基本技术技能项目： 1.跨境电商美工实训 2.跨境电商客服实训 专业技术技能项目： 3.跨境电商推广实训 4.跨境电商运营实训	1.跨境B2B综合实训 2.跨境B2C综合实训	1.生涯成长实务 2.创新创业教育 3.创新创业大赛 4.五阶递进的项目训练

图6-8 "全人教育"的四线复合课程体系

本专业在全面调研及科学理性分析的基础上，制定专业教学标准，明确了职业型人才的职涯路径（见图6-9）。

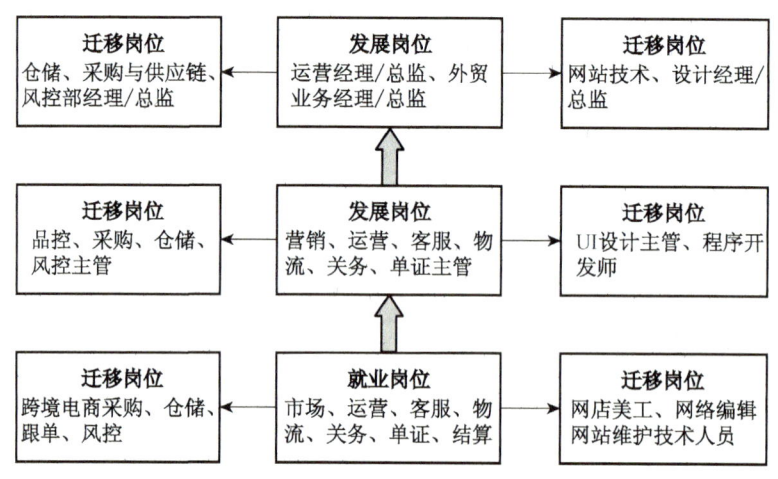

图6-9 国际商务（跨境电商）职业型人才职涯路径

然后，进行工作任务与职业能力分析，确定人才培养定位，确定课程设置，制定课程标准。同时考虑到创业型人才的培养，以及职业素养等方面的培养要求，设计了凸显"全人教育"特色的四线复合课程体系。

"一线"是以工作过程为导向的专业技术教育课程体系，主要由跨境市场营销、跨境采购跟单、跨境电商运营实务、跨境物流与货代、报检与报关实务、外贸单证与跨境结算等六门专业主干课程组成。

"二线"是以真项目引领的职业岗位技能训练课程体系,分为基本技术技能项目和专业技术技能项目两类:基本技术技能项目有跨境电商美工实训、跨境电商客服实训等;专业技术技能项目有跨境电商推广实训、跨境电商运营实训等。

"三线"是以综合项目引领的创新创业实践课程体系,主要有跨境 B2B综合实训、跨境 B2C 综合实训课程。

"四线"是以职业发展主导的素质成长及生涯规划课程体系,由生涯成长实务、创新创业教育,辅以五阶递进的项目训练和创新创业大赛等项目。

3. 推进立体化教学资源的建设与应用,构建无界泛在学习空间

依托本专业已有一门国家级职业教育资源库开放课程的引领作用,以及本校"世界大学城"的泛在化信息平台,充分发挥体制机制创新的优势,以跨境电商企业的人才需求为出发点,以学习者的职业生涯发展及终身学习需求为终极目标,以构建现代职教体系理念为基础,多方共建专业教学资源,分别面向教师、学生、企业和院校四类用户群体提供服务,推进信息化教学改革,实现泛在化学习,并促成翻转课堂、项目化教学改革。

(二)师资培养预期成果

依托"产教研创"平台,专职教师通过参与企业项目建设提升专业能力、科研能力,兼职教师通过承担课程实践教学任务提升教学能力、业务能力。校企共同制定专兼教师双向流动及培养管理办法,进一步优化由行业资深专家、企业专业人员和学校专任教师组成的"大师+名师引领"型教学团队。打造一支能在公司化运营环境中以现场项目经理的身份引导学生、"能研、会做、善教"的双能多元师资团队。

(三)学生培养预期成果

1. 构建科学系统的教育教学质量多元化评价系统,开展个性化考核,充分发挥学生个体潜力

一是多元化考核主体,由学生、专任教师、兼职教师实施多元评价。

二是多维度考核指标,以能力考核为核心,综合考核专业知识、专业技术、职业能力、职业素质、团队合作、道德素质、创业业绩等。

三是多样化考核方式,根据不同模块课程的特点和要求,采取笔试、机

试、作品展示、成果汇报等多种方式进行考核。

四是阶段性考核与终结性考核相结合，考核以形成性考核为主，终结性考核为辅。

五是创业实践置换课程考核相结合，即通过创业业绩置换相关课程的考核。

2. 开放式互通，"走出去"与"引进来"双轨运行，培养国际化视角

与中国台湾致理科技大学、日本别府大学、日本溝部学园、英国巴斯斯帕大学、英国南威尔士大学等积极开展合作教学项目。"走出去"是推进专业教师海外研修及学生的海外访学留学工作，发展基于学分互认、文凭互授的合作办学项目。"引进来"是积极引入海外优秀课程资源及教学标准，邀请海外教师来校授课，同时吸引海外学生来校开展交流学习，有效培养具有国际视野的多元化人才。

3. 培养具有创新创业意识的"学涯—职涯—生涯"全程发展的高素质人才

依托产教研创平台，建设跨境电商生产性实训基地，以真实工作任务为载体，创新创业教育全程融入培养过程，通过"创新创业思维训练项目""基本技术技能融合项目""专业技术技能融合项目""综合技术技能融合项目""创新技术技能融合项目"五个阶段式项目的学习，实现技术技能水平递进、项目经验递进的创新创业能力培养。学生除了专业能力的递升之外，还实现了自主学习能力、独立思考能力、解决问题能力、合作沟通能力、创新创造能力等通用核心能力的培育（见图6-10）。

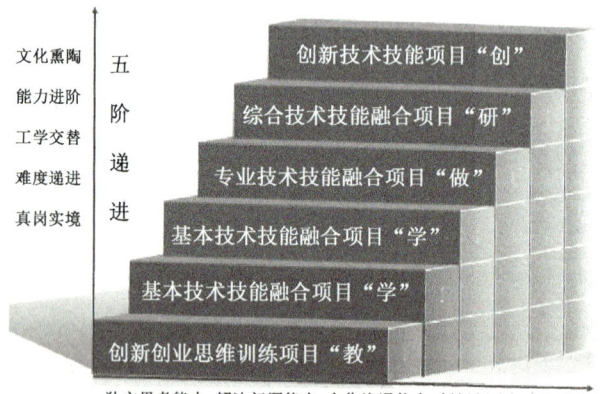

图6-10　国际商务专业"五阶递进"职业综合能力培养

此外,我校 2012 年获批为上海高校毕业生就业创新基地重点项目(职业生涯发展教育)牵头院校。2015 年起,定期开展"金点子创新大赛"和"挑战极限"创业计划大赛。结合专业教学,为创新创业人才培养提供了良好的环境。

从新生入学即进行全程化职业生涯教育。"生涯成长实务"课程涵盖职业规划与发展、心理健康、养成教育、个人管理、就业指导、创新创业等,依托入学教育、思政课堂、校园文化、社团活动、实习实训、考察参观、技能大赛、综合实践周等多样化载体,力求学生的"学涯—职涯—生涯"全程化发展。

▌▶ 五、国际商务(跨境电商)一流专业建设规划 (2017—2020)

(一) 人才培养目标

本专业主要培养以完善人格为根基,德、智、体全面发展,面向外贸公司、跨境电商平台公司、货代物流公司、外贸综合服务公司等从事跨境电子商务的涉外企业,尤其是面向中小微企业,具备扎实的国际贸易知识、通晓跨境电商平台操作、能熟练运用英语(或其他外语),精营销、强运维、熟物流、会通关、能结算、兼具合作沟通、岗位迁移、创新创业等能力的复合型人才。此外还培养能够独立开设网店,开发国际市场,尤其是"一带一路"沿线市场,提供相应的商业服务的创业型人才。

(二) 建设目标

以上海市一流专业建设为引领,紧跟"一带一路"国家战略,服务上海自贸区,对接传统外贸产业转型升级要求,依托"政行校企"联动,以切实推进"产教融合"为抓手,以"一个优化、八项推进"为路径,深化专业内涵建设,五年内将国际商务(跨境电商)专业建设为创新型国际化人才培养高地、产教协同教育教学改革高地、跨境电商应用性社会服务高地。

其中,"一个优化"是指动态优化"产教研创"平台运行机制。"八项推进"是指:推进"真实项目、学做一体、多元培养"的人才培养模式的构建与落实;推进"全人教育"的四线复合课程体系建设;推进"能研、会做、善教"的双能多元师资团队提升；推进创新创业孵化基地培育；推进立体化教学资源的建设与应用；推进教育教学多元化评价系统构建；推进开放式国际化互通；推进文化育人、素质育人。

（三）具体建设内容

1. 动态优化"产教研创"平台运行长效机制

（1）在原有校企合作理事会的基础上，重组校行企协作的国际商务专业（群）建设委员会。国际商务专业（群）建设委员会，由专业负责人、专业带头人、专业骨干教师及与本专业群密切合作的企业技术骨干等组成。主要工作职责是：优化国际商务专业（群）发展规划、改革人才培养方案、调整专业（或专业方向）、教学管理、实习实训及就业创业、课程开发与建设等重大事项做出决议。合作企业及行业协会包括：上海东方国际贸易集团、上海欣海报关公司、上海兴亚报关公司、港中旅华贸国际物流股份有限公司、上海依通供应链管理有限公司、上海数字贸易有限公司、上海跨境电商行业协会、浦东航空货运代理协会等。

下设五个工作组：人才培养模式改革工作组、课程开发与建设工作组、企业实践与就业指导工作组、师资队伍建设工作组、专业建设质量保障工作组（见图6-11）。

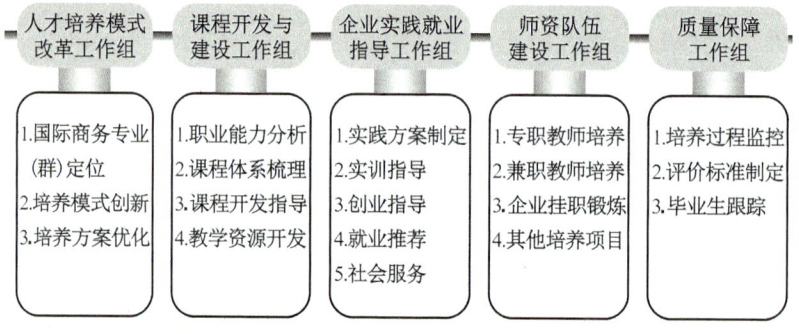

图6-11　校行企协作的国际商务专业（群）建设委员会

（2）建设国际商务专业（群）"产教研创"动态运行模式。在专业（群）建设委员会的指导下，以跨境电商生产性实训基地为载体，根据专业学习进程分阶段、递进式引入企业真实项目；借助本校是全国外经贸行指委委员单位、上海市高职高专经济类专业教学指导委员会主任单位等优势，在政府支持下，联合行业协会、企业联盟、广大兄弟院校等多方力量，实现"政行企校"联动,丰富"产教研创"平台资源;同时,依托平台集约资源,加强应用研究,"研"行业、"研"产品、"研"服务、"研"专业、"研"课程、"研"教学,实现动态跟进社会与技术进步、生产方式的变革;在"产教研"的基础上,"用创"合一,有效培育创新创业能力,校企协同主体都获得回报,进一步刺激了产教融合,实现了"产教研创"平台运行机制良性循环递升(见表6-4)。

表6-4 "产教研创"平台运行机制建设内容

建设项目	建设内容	完成时间
1. 专业(群)建设委员会建设与运行	重组人才培养模式改革、课程开发与建设、师资队伍建设、企业实践与就业指导及专业建设质量保障5个工作组	2017年
	制定专业建设委员会章程和工作组职责	2017年
2. "产教研创"运行机制制度建设	"产教研创"多方合作基本制度	2017年
	"产教研创"运作过程管理制度	2018年
	创业孵化投资管理制度	2019年
	"产教研创"运行机制制度汇编	2020年

2. 推进国际商务专业"真实项目、学做一体、多元培养"的人才培养模式构建(见表6-5)

表6-5 "真实项目、学做一体、多元培养"的人才培养模式建设内容

建设项目	建设内容	完成时间
1. 国际商务(跨境电商)专业人才培养方案重构	依托"政行企校"协作,编写调研报告	2017年
	联合多方力量,制定专业教学标准	2017年
	遵循专业教学标准,对2016级、2017级人才培养方案进行优化与实施	2017年
2. "真实项目、学做一体、多元培养"人才培养模式构建	"真实项目、学做一体、多元培养"人才培养模式构建方案	2017年
	人才培养模式实施及反馈阶段性总结	2018年
	人才培养模式实施及反馈阶段性总结	2019年
	人才培养模式构建与实施总报告	2020年

3. 推进"全人教育"的四线复合课程体系建设（见表6-6）

表6-6 "全人教育"的四线复合课程体系建设内容

建设项目	建设内容	完成时间
1. 课程体系开发	工作领域与职业能力分析表	2017年
	课程体系设计与构建报告	2017年
	课程体系的实施、诊断、改进阶段报告	2018年
	课程体系的实施、诊断、改进阶段报告	2019年
	课程体系的实施、诊断、改进总报告	2020年
2. 课程建设改革	六门专业核心课程标准	2017年
	两门小型项目引领的专业实践课程标准	2018年
	一门中型项目引领的专业实践课程标准	2019年
	一门综合项目引领的专业实践课程标准	2019年
	三本跨境电商"十三五"规划教材	2020年
	三本中高贯通国际商务专业课程教材	2020年

4. 推进"能研、会做、善教"的双能多元师资团队提升

从现有专业团队中培养1名来自院校、1名来自企业的专业带头人；引进1名在全国创业技术领域及产业界有影响力的创业方向带头人；培养骨干教师3名；"双师双能素质"教师比例提高到90%以上；聘请企业兼职教师承担专业课学时比例达到50%。

（1）专业带头人培养（见表6-7）。培养目标：根据高等职业教育人才培养目标的要求，建立专业建设"校、企"双负责人制度；培养校内专业带头人1名，聘任并培养企业专业带头人1名。经过3年培养，将专业带头人培养成为在跨境电子商务专业学界、企业界都有一定影响力的名师。

培养重点：树立先进的高职教育理念，拓宽国际视野，把握跨境电子商务发展新动态、新方向，提高指导专业及专业群建设能力。

培养措施：与合作企业共同制定专业带头人培养计划，明确培养目标。

表6-7 国际商务专业带头人培养内容

建设项目	建设内容	完成时间
1. 校内专业带头人培养	主持专业人才培养方案制定与修改	2017—2020年
	主持教改、科研任务，主持市级立项课题	

建设项目	建设内容	完成时间
1. 校内专业带头人培养	主持实训基地的建设任务	2017—2020 年
	主持专业建设工作	
	主持核心课程建设	
	专业领域论文 3～5 篇或获得教育教学研究成果奖	
	指导国家或省级技能竞赛并力争获奖	
	完成帮教任务,提升教学团队能力	
2. 企业专业带头人培养	指导完成 1 项市级及以上产学研成果	
	完成专业人才培养方案制定与修改	
	参与完成核心课程建设	
	完成对 2～3 名骨干教师的培养	
3. 创业方向带头人培养	担任创业方向两门及以上课程的教学	2018—2020 年
	主持创业团队的各项工作	
	完成创业人才培养方案制定与修改	
	参与完成核心课程建设	
	指导青年教师,发挥帮扶作用	

(2)骨干教师培养(见表6-8)。培养目标:根据学校专业骨干教师的标准,培养具有"双语""双师""双创(创新、创业)"能力的骨干教师 3 名。通过 3 年培养,成为国内高职院校同类专业领域有一定影响力的骨干力量。

培养重点:掌握跨境电子商务领域前沿发展理论,适应校企合作新机制下的课程整合、项目开发、社会服务的能力。

培养措施:校企共同制定骨干教师培养细则和实施方案,选派骨干教师参加各项培训、下企业挂职锻炼、开展海外访学等项目。培养具有"双语双师双创"能力的骨干教师,使骨干教师的培养成为校企互通的桥梁与纽带。

表 6-8　国际商务专业骨干教师培养内容

建设项目	建设内容	完成时间
1. 专业能力培养	参加专业前沿学术组织会议	2017—2020 年
	进行企业顶岗实践学习与锻炼	

（续表）

建设项目	建设内容	完成时间
2. 职业教育教学能力培养	参加企业项目开发，并运用于教学	2017—2020 年
	参加相关职业教育培训并获得相关证书	
	参与专业人才培养方案制定与修改	
	参与专业核心课程建设	
3. 科研能力培养	联合科研处组织相关的科研素养及研究范式培训	2017—2020 年
	支持教师申请各类科研项目及学历提升	
	支持教师发表相关的研究论文和成果	
4. "双语"能力培养	支持教师进行海外进修、培训，并获得相应证书	2017—2020 年
5. "双创"能力培养	鼓励教师指导学生创业项目，或自行创业	2017—2020 年

5. 建设"六位一体"的跨境电商生产性实训基地，推进创新创业孵化基地培育

通过企业支持，建设集教学、生产、成果孵化、培训、职业技能鉴定和社会服务等功能"六位一体"的跨境电子商务生产性实训基地，搭建跨境电子商务实践条件，为高校师生提供跨境电子商务模拟和实战平台，形成良好的校企合作机制；建设跨境电子商务协同创新中心、跨境电子商务创新创业基地，开放跨境电子商务实验室，建设区域跨境电子商务公共实践基地和跨境电子商务人才培养基地（见表 6-9）。

表 6-9 "六位一体"跨境电商生产性实训基地建设内容

建设项目	建设内容	完成时间
1. 生产性实训基地	业务模拟区、专技训练区、综合实战区、企业办公区	2017 年
2. 基地运行与管理	基地运行与管理规范文件	2018 年
	创业项目扶持培育标准	2018 年

6. 推进立体化教学资源的建设与应用,构建无界泛在学习空间(见表6-10)

表6-10　立体化教学资源建设内容

建设项目	建设内容	完成时间
1. 专业教学资源建设	国际商务(跨境电商)专业教学资源库建设方案	2017 年
	两门跨境电商方向核心课程教学资源建设	2018 年
2. 精品在线开放课程建设	五门国际商务市级精品在线开放课程建设	2019 年
	一门国家级资源库课程的优化建设	2017—2020 年
	申请一门国家级在线精品开放课程	2018 年
3. 立体化教材	"互联网+"式互动的新型立体化教材一本	2018 年

7. 推进教育教学质量多元化评价系统构建(见表6-11)

(1)根据人才培养目标,在国际商务专业(群)建设委员会指导下,针对教学全过程,建设 PDCA 循环管理的评价标准体系。

(2)建立和完善课程评估、课堂教学过程评价、教师评价,企业岗位能力评价等教学质量评价系统,逐步增加行业企业对学生学业成绩的评价权重,充分发挥麦可思等第三方评价机构有关人才培养质量报告的作用,不断完善教学质量评价体系。

(3)引入激励竞争机制,根据教学质量评价系统的评价结果正向刺激教学活动,引导教师积极探索学生多元化评价工作。

表6-11　教育教学质量多元化评价系统建设内容

建设项目	建设内容	完成时间
1. 评价标准	国际商务(跨境电商)专业 PDCA 管理评价手册	2017 年
2. 评价系统	教学质量评价和激励管理文件	2018 年
	教学多元化评价方法优秀案例学习集	2017—2020 年

8. 推进开放式国际化互通,"走出去"与"引进来"双轨运行(见表6-12)

表6-12　开放式国际化互通建设内容

建设项目	建设内容	完成时间
1. 国际化"走出去"	海外访学留学	2017—2020 年
	专业交流与共建	

（续表）

建设项目	建设内容	完成时间
2. 国际化"引进来"	引入海外优秀课程资源及教学标准	2017—2020 年
	引入海外师资	
	吸引海外学生来校访学留学	

9. 推进文化育人、素质育人，实施"课程思政"改革

除了职业通用素质课程外，还要将专业课程作为"课程思政"的重要组成部分，创新专业课程话语体系，实现专业授课中知识的传授与价值引导的有机统一，达到"以文化人、以文育人"的隐形"课程思政"目的（见表 6-13）。

表 6-13　"课程思政"建设内容

建设项目	建设内容	完成时间
"课程思政"改革	"课程思政"教学方案	2017—2020 年
	"课程思政"优秀案例学习集	

▶ 六、一流制度建设和保障

（1）有效的激励管理措施，促进一线教师由被动转为主动。制定"双师双能"优秀后备人才培育计划和教师自我发展申报计划。

（2）保障产教融合的过程中，不同利益相关者的协同整合。

（3）支持与保障数字化、信息化教育资源开发工作，扩大覆盖面，全面提升信息化管理与资源共享平台的建设，实现全要素网络化的内部质量保证体系。

（4）保障创新创业孵化基地的运行，扶持成果转化。

（5）完善中外合作交流机制，积极引入国（境）外优秀教育资源与相关专家，支持中外职业教育教师互派、学生交流。

（6）建立文化育人机制保障。

附录

国际商务专业(跨境电子商务方向)教学计划表

平台	模块		课程名称	学分	学时数	学期与教学周分配					
						一	二	三	四	五	六
						15	18	18	18	10	16
						周学时/周数					
职业人文素质	通识教育平台	思想政治	思想道德修养与法律基础	2	42	2					
			毛泽东思想和中国特色社会主义理论体系概论	2	48		2				
			形势与政策	1	16	2/3	2/3				
		人文素养	体育	2	66	2	2				
			心理卫生与健康教育	1	16	2/1	2/3				
			计算机应用基础	4	72	2/7	2	2/11			
			信息实务技术	1	20				2/10		
			公共职场英语	8	132	4	4				
			人文历史常识选讲	2	32	2/8	2/8				
			生涯成长实务	1	32			2/4	2/4		
			创新创业实践	2	36			12/1	12/1	12/1	
		素质实践	军训与国防教育	2	90	30/3					
			综合实践周	3	90	√	√	√			
			素质综合实践	14	224	√	√	√	√		
	选修课	素质拓展	大国系列与人文历史选讲	1	20			2/5	2/5		
			思政课程教育实践	1	20			2/5	2/5	2/5	
			校级人文公选课	3	48		√	√	√	√	
		小计		50	690	10	12	4	2	2	
专业技术	必修课	专业基础平台	互联网＋外贸认知	4	60	4					
			国际贸易实务	5	90	6					
			"一带一路"商务礼仪与文化	2	30	2					
			外贸法律法规	2	30	2					

（续表）

平台	模块		课程名称	学分	学时数	学期与教学周分配					
						一 15	二 18	三 18	四 18	五 10	六 16
						周学时/周数					
专业技术	必修课	专业主干	供应链整合	2	36		2				
			跨境电商英语	8	144				4	4	
			跨境市场营销	4	72		4				
			跨境采购与跟单	4	72		4				
			跨境物流与货代	4	72				4		
			报检与报关实务	4	72				4		
		专业实践平台	外贸单证与结算实务	4	72				4		
			跨境电商运营实务	4	72					4	
			企业认知实习	1	32	1					
			视觉营销实训	4	72			4			
			网络客服实训	4	72				4		
			跨境市场推广实训	4	72				4		
			跨境电子商务综合实训	6	120					12	
			外贸综合实训	6	100					10	
			企业跟岗实习	8	240					30/8	
			顶岗实习	14	420						30/14
		小计		94	1 950	15	14	20	12	22	
专业拓展	专业选修平台		网页设计制作	12	216				4		
			仓储与配送						4		
			第二外语						4		
			数据分析应用						4		
			国际商务谈判						4		
			商品认知与归类						4		
		小计		12	216		0	0	12		
		总计/学期周学时		156	2 856	25	26	24	26	24	